Salman Rushdie wurde 1947 in Bombay geboren und studierte in Cambridge Geschichte. 1983 erregte er mit dem Roman *Mitternachtskinder* weltweit Aufsehen. Nur wenige Monate nach der Veröffentlichung des Romans *Die satanischen Verse* im Jahre 1988 sprach der iranische Revolutionsführer Khomeini wegen Blasphemie eine Fatwa über Rushdie aus. Seither lebt der Autor, dessen Bücher vielfach ausgezeichnet wurden und in über zwei Dutzend Sprachen übersetzt vorliegen, an einem unbekannten Ort in England.

Von Salman Rushdie ist außerdem erschienen:

Harun und das Meer der Geschichten (Band 60092, Band 62015))
Mitternachtskinder (Band 60284)
Scham und Schande (Band 60285)
Osten, Westen (Band 60571)
Die satanischen Verse (Band 60648)

Vollständige Taschenbuchausgabe März 1998
Droemersche Verlagsanstalt Th. Knaur Nachf., München
Copyright © für die deutschsprachige Ausgabe
Kindler Verlag GmbH, München
Das Werk einschließlich aller seiner Teile ist urheberrechtlich
geschützt. Jede Verwertung außerhalb der engen Grenzen
des Urheberrechtsgesetzes ist ohne Zustimmung des Verlages
unzulässig und strafbar. Das gilt insbesondere für Vervielfältigungen,
Übersetzungen, Mikroverfilmungen und die Einspeicherung
und Verarbeitung in elektronischen Systemen.
Titel der Originalausgabe:
The Jaguar Smile. A Nicaraguan Journey
Copyright © 1987 by Salman Rushdie
Umschlaggestaltung: Graupner + Partner, München
Umschlagabbildung: AKG, Berlin
Satz: Ventura Publisher im Verlag
Druck und Bindung: Elsnerdruck, Berlin
Printed in Germany
ISBN 3-426-60772-7

5 4 3 2 1

Salman Rushdie

Das Lächeln des Jaguars

Eine Reise durch Nicaragua

Aus dem Englischen
von Melanie Walz

Für Robbie

Inhalt

    Vorwort zur Neuausgabe 11

    Hope: Ein Prolog 19

1 Sandinos Hut 23

2 Die Straße nach Camoapa 33

3 Dichter am Tag der Freude 43

4 Das Badezimmer von Madame Somoza 53

5 Estelí 62

6 Das Wort 70

7 Liebeseier 86

8 Abtreibung, Volljährigkeit und Gott 108

9 Katharsis 115

10 Markttag 121

11 El Señor Presidente 125

12 Die andere Seite 142

13 Doña Violetas Sicht der Dinge 172

14 Miß Nicaragua und der Jaguar 183

    Silvia: Ein Epilog 195

Eine Schöne aus Nicaragua
ritt lächelnd einst auf einem Jaguar.
In den Wald ging's zu zwei'n,
doch heraus kam einer allein,
und wer lächelte, das war der Jaguar.
Anonym

Vorwort zur Neuausgabe

Vor nunmehr zehn Jahren erschien *Das Lächeln des Jaguars*. Es war mein erstes Sachbuch, und ich erinnere mich lebhaft an den Schock, als ich unvermittelt erstmals von der (verhältnismäßig) gesitteten Welt der Literatur in die Arena der Politik mit ihren rauhen Sitten geriet. Besonders rauh waren diese Sitten in den Vereinigten Staaten beschaffen, die damals heftig in ihren »unterschwelligen«, ferngesteuerten Krieg gegen Nicaragua verstrickt waren. Nach dem Empfang zur Veröffentlichung meines Buches in New York fand ich mich zum Abendessen in einem wohlhabenden Haushalt in Uptown inmitten der politisch wohlmeinenden liberalen Elite wieder. Als Arthur Schlesinger Jr. erfuhr, daß ich ein Buch über Nicaragua geschrieben hatte, fing er an, die Sandinisten zu verspotten, indem er sich über ihren Kleidungsstil und ihre grobschlächtigen Umgangsformen lustig machte. Das war ein Warnsignal. Wenn die Liberalen in den USA das Thema so beiläufig verächtlich abtaten, dann war seitens der Konservativen erst recht nichts Gutes zu erwarten.

Meine Erwartungen wurden nicht enttäuscht. Bei einer Live-Sendung eröffnete ein bekannter Rundfunk-Interviewer das Gespräch mit den Worten: »Mr. Rushdie, inwieweit sind Sie eine Marionette der Kommunisten?« Die *New Republic* widmete meinem Buch eine unendlich ausführliche und unendlich gehässige Rezension, die vielleicht giftigste, die ich je erhielt. Es stellte sich heraus, daß eine der gewichtigsten Personen aus dem Führungskreis der Contra sie verfaßt hatte. Damals war ich naiv genug, mich allen Ernstes darüber zu wundern, daß eine angesehene Zeitschrift sich so unverfroren vom Grundsatz journalistischer Unabhängigkeit verabschiedete, sobald es darum ging, Polemik zu schüren. Heute bin ich abgebrühter.

Im Lauf der letzten zehn Jahre hat die Welt sich so dramatisch verändert, daß *Das Lächeln des Jaguars* sich heute geradezu antiquiert ausnimmt, wie ein Märchen aus einer der heißeren Phasen des kalten Krieges. »Die Sowjetunion« und »Kuba« sind Popanze geworden, die längst niemanden mehr erschrecken können. Und in Nicaragua hat der Krieg mit der Contra schließlich seinen Tribut gefordert. Eine kriegsmüde Wählerschaft entschied sich gegen die FSLN und für jene Doña Violeta Chamorro, die ich in meinem Buch nicht ohne Sarkasmus geschildert habe. Daß Daniel Ortega die Entscheidung der Wähler akzeptierte, hat viele seiner internationalen Gegner überrascht, ja beeindruckt. Zugleich wurden die Sandinisten jedoch erbittert kritisiert, weil sie sich in letzter Minute wertvollen Landbesitz unter den Nagel gerissen haben, wovon vor allem ihre prominenten Mitglieder profitierten. (Ich habe mich immer gefragt, wem wohl die luxuriöse Villa in Managua zugefallen sein mag, in der man mich untergebracht hatte.) Das war ein typisch sandinistischer Widerspruch: Als sie die Macht innehatten, waren sie im gleichen Atemzug als Verfechter der Demokratie und als erbitterte Zensoren der Meinungsfreiheit aufgetreten; nun hatten sie sich im Sturz – abermals gleichzeitig – als wahre

Demokraten und ebenso als wahre lateinamerikanische Oligarchen erwiesen.
Das FSLN-Schild auf dem Hügel über Managua wurde nach den Wahlen zu FIN verändert. Das Ende. Tatsächlich aber verlief diese Politik in Nicaragua weiterhin alles andere als konsequent. Uneinigkeit herrschte in Doña Violetas bunt zusammengewürfelter Anti-Sandinisten-Koalition, kaum daß sie an die Macht gelangt war, und häufig genug sah Doña Violeta sich gezwungen, mit Hilfe der Stimmen der sandinistischen Opposition zu regieren. Während meines Aufenthalts in Nicaragua war mir der inzestuöse Charakter der herrschenden Schicht aufgefallen. Sandinisten wie Rechtsaußen waren auf dieselben Schulen gegangen und hatten später miteinander Händchen gehalten. Es sah ganz so aus, als hielten sie jetzt wieder Händchen.
Was der FSLN jedoch letzten Endes den Garaus machen sollte, waren ihre ununterdrückbaren inneren Spannungen, das, was Marx ihre »inhärenten Widersprüche« genannt hätte. Während meines Besuchs war es mir nicht möglich gewesen, Daniel Ortegas Bruder Humberto zu begegnen, dem starken Mann der Sandinisten beim Militär, der die Streitkräfte befehligte. (*Das Lächeln des Jaguars* krankt ein wenig daran, daß keiner der Hardliner wie Humberto Ortega oder Tomás Borge genauer unter die Lupe genommen wird. Möglicherweise hat man sie ganz bewußt von einem Nichtmarxisten wie mir ferngehalten.)
Die Differenzen zwischen den Ortega-Brüdern und der Gruppierung um Sergio Ramírez, dessen Schlüsselrolle darin bestanden hatte, die städtische Mittelschicht dazu zu

bringen, die Revolution zu unterstützen, wurden unüberbrückbar. Ramírez verließ die Bewegung, und von da an waren die Sandinisten hoffnungslos gespalten. Auch im privaten Bereich kam es zu Brüchen. Daniel Ortega und Rosario Murillo trennten sich. Manche jener, die ich gemocht und bewundert hatte, verließen das Land. Die Dichterin Gioconda Belli beispielsweise lebt heute in den Vereinigten Staaten. Ihre Beziehung zum postsandinistischen Nicaragua ist von Trauer und Zerrissenheit gekennzeichnet. Und mittlerweile wurde eine zweite Wahl verloren. Daniel Ortega hat behauptet, Arnoldo Alemáns Sieg verdanke sich Wahlschiebungen im großen Stil, aber die unabhängigen Wahlbeobachter haben die Wahlergebnisse gutgeheißen. Jetzt sieht es tatsächlich nach FIN aus.
1986 kam mir die Geschichte Nicaraguas wie eine David-und-Goliath-Legende vor. Trotz all ihrer Unzulänglichkeiten und Schwächen (und es freut mich, daß ich beim Wiederlesen feststellen konnte, zu diesem Punkt in meinem Buch einiges gesagt zu haben) wirkten die Sandinisten wie die personifizierten Kleinen der US-Kulturmythologie, die gegen die Großmäuler der Welt aufbegehrten und sich partout nicht geschlagen geben wollten. Und es schien auch die Geschichte einer unerwiderten Liebe zu sein. Nicaragua, das die Musik, die Dichtung und den Baseball der Vereinigten Staaten liebte, wurde vom mächtigen und gedankenlosen Gegenstand seiner Liebe zertreten. Nicht oft ist die Politik so ergreifend.
Zehn Jahre danach hat die Romanze dem Platz gemacht, was zynische Kommentatoren gern als Realität bezeichnen,

anders gesagt, der unwiderstehlichen Gewalt der Supermacht. »Tun Sie nur, was wir sagen«, wie es der Emissär des Weißen Hauses gegenüber Minister D'Escoto ausgedrückt hatte. Heute, in der Epoche jenseits des »Endes der Geschichte«, läßt sich diese Handlungsanweisung schwerlich ignorieren. 1986 hatte Mario Vargas Llosa* von der schweigenden Mehrheit »antisandinistischer demokratischer Nicaraguaner« gesprochen, einer Mehrheit, die damals eher im Wunschdenken als in der Wahrheit angesiedelt schien; heute gibt es diese Mehrheit. Mario würde sagen, es habe sie schon immer gegeben, und wäre ich im Unrecht, dann wäre er im Recht, aber man könnte auch einwenden, daß diese Mehrheit erst geschaffen wurde. Nach einem langen, aussichtslosen Krieg suchen die Leute den Frieden, und zwar um fast jeden Preis. Jetzt, wo die Wirtschaftsblockade beendet ist und die zerstörte nicaraguanische Wirtschaft ihre langsame Genesung antritt, ist es kein Kunststück, die damalige Führung für die Blockade verantwortlich zu machen. Das ist die Macht einer Supermacht: zuerst eine beliebige Führung als inakzeptabel zu definieren, dann Umstände zu schaffen, die sie inakzeptabel machen müssen, und zuletzt die Erinnerung an den

---

* Mario, der mir stets als treuer Freund und Verbündeter zur Seite stand, hat zumindest eines mit Daniel Ortega gemeinsam: Beide haben sich lautstark gegen die Todesdrohung, die Fatwa, ausgesprochen, die Khomeini 1989 wegen meines Romans *Die satanischen Verse* über mich verhängt hat. Um der Objektivität willen sollte ich nicht verschweigen, daß Mario in einer französischen Fernsehsendung, an der wir beide teilnahmen, die Ansicht vertrat, ich sei mit zunehmendem Alter politisch vernünftiger und folglich konservativer geworden. Ich fürchte, er könnte unrecht haben.

eigenen Anteil, den der Supermacht, an diesem Prozeß auszulöschen.
Vor einigen Jahren bin ich Sergio Ramírez in einem Hotelzimmer in Europa begegnet. Er wirkte schwerfälliger, bedrückter. Mit Gioconda Belli habe ich Briefe getauscht. Aus diesen und anderen Kontakten ist mir klargeworden, daß die Geschichte, zu der *Das Lächeln des Jaguars* ein Kapitel darstellt, kein Happy-End hatte.

Ein altes Buch wiederzulesen bedeutet unweigerlich, sich mit Auslassungen, Irrtümern und nachträglichem Bedauern konfrontiert zu sehen. Es gibt ein paar echte Fehler. In meinem Bericht vom Tod Julio Buitragos habe ich den Eindruck erweckt, neben anderen sei Doris Tijerino mit ihm umgekommen, doch während ich dies schreibe, erfreut Ms. Tijerino sich bester Gesundheit und einer nicht unbedeutenden öffentlichen Stellung. Sorry, Doris.
Außerdem wünschte ich, ich hätte mich zu meinen Schwierigkeiten mit dem Kulturminister Ernesto Cardenal deutlicher ausgedrückt. Vielleicht war es übertrieben höflich von mir, die Einzelheiten einer Rede zu verschweigen, die ich ihn in Finnland halten hörte und in der er sagte, seinen geliebten *campesino*-Dichtern gebe man zum Vorbild die Gedichte von Ezra Pound und Marianne Moore »in vereinfachter Form«, und in der er die Behauptung aufstellte, die einem buchstäblich das Blut in den Adern gefrieren ließ, Nicaragua habe als »erste Nation der Welt die Dichtung nationalisiert«. (Ein altgedienter literarischer Opponent der Sowjetunion, der neben mir saß, murmelte: »*Zweite* Nation ...«)

Die ganze Wahrheit würde auch deutlichere Worte hinsichtlich der sonderbaren Anfälligkeit der sandinistischen Führung für internationalen Ruhm verlangen, detailliertere Nachweise der Unfähigkeit eines Großteils ihrer Bürokratie, eine explizitere Kritik ihrer Behandlung der Miskito-Indianer und vielleicht auch breitere Erwähnung der Unbeliebtheit, der sich Präsident Ortegas *compañera* Rosario Murillo mit ihrem wichtigtuerischen Gehabe in weiten Kreisen der Öffentlichkeit erfreute.
All das sind Schwächen, wie sie wohl jedes schnell und in der Hitze der Erregung geschriebene Buch aufweisen dürfte. Doch selbst im Rückblick nach zehn Jahren stehe ich zum Urteil und zur Haltung, die dem *Lächeln des Jaguars* zugrunde liegen, und ich bin, wenn ich so sagen darf, stolz darauf, daß mein jüngeres Ich diese »Schnappschüsse« jenes schönen und barbarischen Landes gemacht und mehr Dinge halb richtig als halb falsch aufgefaßt hat. Und ich trauere um Bluefields, das schon so arm war, als ich es besuchte, und das seither durch eines der weniger aufmerksamkeitsträchtigen größeren Erdbeben der letzten Jahre verwüstet wurde. Ich hoffe, die Hebamme Miß Pancha und ihre zahme Kuh sind wohlauf. Ich wünschte, mir wäre der Flor-de-Caña-Rum nicht ausgegangen. Und ich hoffe, Rundown, die heiße Popgruppe Bluefields, spielt noch immer *Rub me belly skin with castor oil*.
Salman Rushdie, 1997

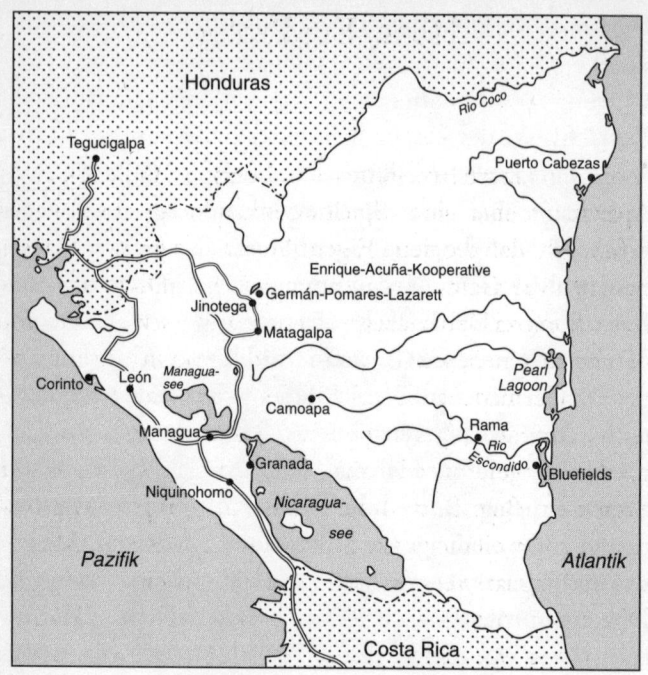

Hope: Ein Prolog

Vor zehn Jahren bewohnte ich in London SW1 ein kleines Apartment über einer Spirituosenhandlung; eines Tages erfuhr ich, daß die neue Eigentümerin des großen Hauses nebenan die Gattin des nicaraguanischen Diktators Anastasio Somoza Debayle war. Mit der Straße schien es rapide bergab zu gehen, seit der nette Lord Lucan in Nummer 44 das Kindermädchen Sandra Rivett ermordet hatte, und einige Monate später zog ich aus. Hope Somoza habe ich nie kennengelernt, aber ihr Haus war bald jedem in der Straße ein Begriff, weil die Alarmanlage regelmäßig losheulte und weil die ganze Straße mit Rolls-Royce, Mercedes und Jaguars verstopft war, wenn Hope eine Party gab. Daheim in Managua hatte ihr »Tacho« sich eine Mätresse namens Dinorah zugelegt, und wahrscheinlich wollte Hope die Trübsal verscheuchen.
Am 17. Juli 1979 flohen Tacho und Dinorah aus Nicaragua; *Nicaragua libre* erblickte somit genau einen Monat nach der Geburt meines Sohnes das Licht der Welt. (Der offizielle Unabhängigkeitstag ist der 19. Juli, der Tag, an dem die Sandinisten Managua einnahmen, aber der Tag der Hurrarufe ist der 17., der *día de alegría*, der Tag der Freude.) Seit jeher habe ich eine Schwäche für derartige Zufälle, und ich war überzeugt, daß die zeitliche Nähe der Geburtstage eine Verbindung schuf.
Als dann die Reagan-Regierung ihren Krieg gegen Nicaragua begann, spürte ich eine noch engere Verbundenheit

mit diesem kleinen Land auf einem Kontinent (Mittelamerika), den ich noch nie betreten hatte. Von Tag zu Tag wuchs mein Interesse an diesem Land – schließlich war ich selbst Kind einer erfolgreichen Revolte gegen eine Großmacht, mein Bewußtsein Produkt des Triumphs der indischen Revolution. Und vielleicht war es gar nicht so abwegig zu vermuten, daß die unter uns, die nicht aus den reichen Ländern der westlichen und nördlichen Hemisphäre stammten, etwas miteinander gemeinsam hatten – nichts so Krudes wie eine typische »Dritte-Welt-Mentalität«, aber doch eine Ahnung davon, was es heißt, der Schwache zu sein, ein Bewußtsein dessen, wie die Dinge sich von der Position des Unterlegenen her ausnehmen und wie es ist, wenn man zu dem Stiefel hochblickt, der sich auf einen herabsenkt. Ich unterstützte das Solidaritätskomitee für Nicaragua in London. Dies erwähne ich, um klarzustellen, daß ich im Juli 1986 nicht als völlig unbefangener Beobachter nach Nicaragua fuhr; ich war nicht unvoreingenommen.

Ich besuchte Nicaragua als Gast des Verbands Sandinistischer Kulturschaffender ASTC, der Dachorganisation für Schriftsteller, Maler, Musiker, Kunsthandwerker, Tänzer und so weiter. Anlaß der Einladung war der siebte Jahrestag des »Triumphs« der Sandinistischen Befreiungsfront. Ich war neugierig, aber auch sehr nervös. Ich wußte nur zu gut, wie häufig Revolutionen fehlgingen, ihre eigenen Kinder fraßen und zu dem wurden, dessen Überwindung ihr Zweck gewesen war. Ich wußte, wie oft das, was als Idealismus und Hochherzigkeit begann, in betrogenen Erwartungen und enttäuschten Hoffnungen endete. Vielleicht würde ich die Sandinisten nicht mögen? Um einem Volk das Recht darauf zuzugestehen, nicht von den Vereinigten Staaten zermalmt zu werden, mußte man es nicht unbedingt mögen – aber hinderlich war die Sympathie gewiß nicht.

Ich fuhr zu einem kritischen Zeitpunkt. Am 27. Juni hatte der Internationale Gerichtshof in Den Haag entschieden, daß die Unterstützung der USA für die Contra, die konterrevolutionäre Armee, die von der CIA ins Leben gerufen, organisiert und mit Waffen ausgerüstet worden war, völkerrechtswidrig war. Das US-Repräsentantenhaus ließ sich davon nicht beirren und bewilligte Präsident Reagan die von ihm beantragten Hilfsgelder für die Konterrevolution in Höhe von hundert Millionen Dollar. Daß der nicaraguanische Präsident Daniel Ortega daraufhin das Verbot der oppositionellen Zeitung *La Prensa* und die Ausweisung der widerspenstigen Priester Bischof Vega und Monsignore Bismarck Carballo verfügte, roch nach Vergeltung. Gewitterwolken ballten sich zusammen.
Drei Wochen verbrachte ich im Juli in Nicaragua. Die folgenden Aufzeichnungen können und wollen nicht mehr sein als eine Momentaufnahme vom Leben dieses schönen und vulkanreichen Landes. Ich fuhr nicht hin in der Absicht, ein Buch zu schreiben oder überhaupt etwas zu schreiben, doch das, was ich erlebte, beeindruckte mich so tief, daß mir letztlich keine Wahl blieb. Eine Momentaufnahme also, aber, wie ich glaube, von einem entscheidenden und aufschlußreichen Augenblick: weder Anfang noch Endpunkt, sondern etwas dazwischen, eine Zeit nahe

dem Angelpunkt der Geschichte, eine Zeit, zu der alle Zukunftsmöglichkeiten (gerade) noch in der Schwebe waren.
Und eine Zeit, die mir keineswegs – wie ich es befürchtet hatte – ohne Hoffnung zu sein schien.

1 Sandinos Hut

Christoph Kolumbus stach bei Palos de Moguer in Spanien in See. Er suchte die Länder des Großmoguls, wo es Paläste aus purem Gold gab, die Menschen und Tiere wild und wunderlich anzusehen waren und wo man sich nur zu bücken brauchte, um die prachtvollsten Edelsteine aufzusammeln. Statt dieser Welt entdeckte er jedoch eine andere, die ebenfalls reich, schön und voller Bizarrerie war: Amerika.«
Diese Worte las ich auf einer »Tabakkarte« der Insel Kuba am Flughafen von Havanna, und für jemanden, der zum erstenmal nach Mittelamerika reiste, schienen sie mir eine passende Einstimmung zu sein. Später allerdings, als das Flugzeug über der grünen Lagune im Krater des Apoyeque-Vulkans eine Schleife beschrieb und Managua in Sicht kam, fielen mir die dunkleren Worte aus Nerudas Gedicht »Centro America« ein:

> Erdstrich, schlank wie eine Peitsche,
> entbrannt wie ein wilder Schmerz,
> dein Fuß in Honduras, dein Herzblut
> in Santo Domingo, blicken
> nachts deine Augen mich an
> von Nicaragua her, sie rufen mich,
>   verlangen nach mir,
> und hin über die Erde Amerikas
> klopf' ich an Türen, um zu reden,

> rühre ich an gefesselte Zungen,
> hebe ich die Vorhänge auf, tauche
> die Hand in das Blut:
> O Schmerzen meiner Erde, o Röcheln
> des großen verhängten Schweigens,
> o Völker des langewährenden Todeskampfes,
> o Landenge der Seufzer.

Um die Lebenden in Nicaragua zu verstehen, muß man sich zuerst mit den Toten vertraut machen; das begriff ich bald. Das Land war voller Geister. *Sandino vive* rief es mir bei meiner Ankunft von einer Mauer entgegen, was von einem großen rosafarbenen Stein aus prompt mit *Cristo vive* und dem Zusatz *viene pronto* gekontert wurde. Wenige Minuten später kam ich an dem leeren Sockel vorbei, auf dem bis vor sieben Jahren die Reiterstatue des Ungeheuers gestanden hatte (allerdings war das Standbild in Wirklichkeit gebraucht aus Italien bezogen und mit einem neuen Gesicht versehen worden; das alte Gesicht hatte Mussolini gehört). Die Statue war mit der Diktatur gestürzt worden, aber der leere Sockel trog. *Somoza vive:* diese furchterregenden Worte bekam man in Nicaragua nicht oft zu hören, aber die Bestie war noch nicht tot. Tacho war 1980 von argentinischen Partisanen in Paraguay ermordet worden, aber sein Gespenst, ein Phantom mit einem Cowboyhut, suchte die Grenze zu Honduras heim.

Managua wucherte um den eigenen Leichnam herum. Achtzig Prozent der Bausubstanz in der Innenstadt waren dem großen Erdbeben von 1972 zum Opfer gefallen; vom ehemaligen Stadtzentrum war kaum etwas übriggeblieben.

Unter Somoza waren Schutt und Trümmer liegen gelassen worden; erst nach seinem Sturz hatte man mit Aufräumungsarbeiten begonnen und im früheren Herzen Managuas Rasen angelegt.

Die Leere im Zentrum verlieh der Stadt die provisorische, unwirkliche Atmosphäre einer Filmkulisse. Häuser waren ausgesprochene Mangelware, und die Managuaner mußten sich mit dem behelfen, was da war. Das Außenministerium hatte sich in einer ehemaligen Ladenstraße eingerichtet, die Nationalversammlung tagte in einer umgewandelten Bank. Das Intercontinental-Hotel, eine Art abgesägte Betonpyramide, war leider stehengeblieben. Wie ein Omen erhob es sich inmitten der Gespenster des einstigen Managua: ein häßlicher Amerikaner, aber immerhin ein Überlebender. (Ich merkte, daß ich auf die Dauer nicht umhin kam, diese Stadt mit solchen Symbolen zu verbinden.)

Auch die Menschen waren Mangelware. Nicaraguas Gesamtbevölkerung zählte weniger als drei Millionen Einwohner, und durch den Krieg verringerte sich diese Zahl noch. In meinen ersten Stunden in Managua sah ich auf den Straßen so manches, was dem in Indien und Pakistan geschulten Auge bekannt vorkommen mußte: Die wenigen Busse der Hauptstadt – in der Mehrzahl von Alfonsíns Argentinien gespendet – waren bis zum Bersten mit Passagieren vollgestopft, die auf sehr subkontinental anmutende Weise an den Trittbrettern hingen. Und die Baracken der *campesinos* am Straßenrand, der Bauern, die außer Hoffnung nicht viel in die Stadt mitgebracht hatten, erinnerten verdächtig an die *bustees* von Kalkutta und

Bombay. Später sollte ich begreifen, daß diese Anklänge an menschenreiche Länder genauso irreführend waren wie der leere Sockel des Tyrannen. Nicaragua, ein Land von der Größe des Staates Oklahoma und mit den Umrissen von England und Wales, wenn man sie sich auf den Kopf gestellt denkt, ist das bevölkerungsärmste Land Mittelamerikas. Im Stadtgebiet von New York leben annähernd sechsmal so viele Menschen wie in ganz Nicaragua. Die Leere im Herzen Managuas sagte mehr aus als ein überfüllter Bus.

Diese Leere, diese verlassenen Straßen bevölkerten die Geister, die toten Märtyrer. Der argentinische Romancier Ernesto Sábato hat Buenos Aires als eine Stadt bezeichnet, deren Straßennamen die Schreine für das Gedenken an ihre Helden sind, und auch in Nicaragua hatte ich oft den Eindruck, als seien alle, auf die es ankomme, längst tot und in den Namen von Krankenhäusern, Schulen, Theatern, Landstraßen oder gar (wie im Falle des großen Dichters Rubén Darío) dem einer ganzen Stadt verewigt worden. Im antiken Griechenland konnten Heroen sich erhoffen, dereinst zu Göttern oder zumindest zu Sternbildern zu werden; die Toten eines verarmten Landes des zwanzigsten Jahrhunderts mußten sich mit der weniger aufregenden Unsterblichkeit bescheiden, einem Park oder einem Stadion ihren Namen zu leihen.

Neun der zehn ersten Führer der Frente Sandinista de Liberación Nacional waren vor Somozas Sturz umgekommen. Ihre riesengroßen Gesichter, in den sandinistischen Farben Schwarz und Rot gemalt, starrten auf die Plaza de la Revolución herab. Carlos Fonseca (der die Frente, die

Befreiungsfront, 1961 begründet hatte und im November 1976, zweieinhalb Jahre vor dem Sieg der Sandinisten, gefallen war), Silvio Mayorga, Germán Pomares: Namen, die sich wie eine Litanei aufsagten. Der einzige Überlebende, der heutige Innenminister Tomás Borge, fand sich dort oben als Lebender mit den Unsterblichen versammelt. Borge war schwer gefoltert worden und soll sich nach der Revolution, so erzählt man sich, an seinem Folterer dadurch »gerächt« haben, daß er ihm verzieh.

Daß in einem Land, dessen Geschichte während der sechsundvierzig Jahre, in denen die Somozas an der Spitze einer der dauerhaftesten und grausamsten Diktaturen der Welt gestanden hatten, ein beständiges Ritual des Blutvergießens gewesen war, ein Märtyrerkult entstand, war kaum verwunderlich. Überall erzählte man mir die Legenden, die sich um die Toten rankten. Die von dem Dichter Leonel Rugama, der von Somozas Nationalgarde in einem Haus eingekreist worden war und auf die Aufforderung, sich zu ergeben, zurückrief: »*¡Que se rinda tu madre!*« (Soll sich doch deine Mutter ergeben) und bis zuletzt weiterkämpfte. Die von Julio Buitrago, der zusammen mit Gloria Campos und Doris Tijerino in einem konspirativen Versteck in Managua eingekesselt war. Am Ende war er der letzte Überlebende, der Stunde um Stunde Somozas Panzern und Geschützfeuer die Stirn bot – was das ganze Land live am Fernsehapparat miterleben konnte, denn Somoza hatte in dem Glauben, eine ganze FSLN-Zelle erwischt zu haben, ihre Vernichtung als Lektion für das Volk demonstrieren wollen; das war ein großer Fehler, denn als die Leute sahen, wie Buitrago schließlich

schießend herauskam und starb, als sie sahen, daß ein einzelner Mensch dem Tyrannen so lange widerstanden hatte, da zogen sie die falsche Lehre daraus: die, daß man Widerstand leisten konnte.
Nach sieben Jahren sprachen die Wände noch immer zu den Toten: Carlos, wir schaffen es, sagten die Graffiti, oder: Julio, wir haben nicht vergessen.

Ein Gemälde der naiven Malerin Gloria Guevara mit dem Titel *Cristo guerillero* zeigt eine Kreuzigungsszene im felsigen Bergland Nicaraguas. Am Fuß des Kreuzes weinen drei Bäuerinnen, zwei knien, eine steht, und der Gekreuzigte trägt statt Lendentuch und Dornenkrone Jeans und Baumwollhemd. Dieses Bild erschien mir sehr bezeichnend. Die Religion der Menschen am Fuß der Vulkane Mittelamerikas war schon immer stark von Märtyrertum und Totenkult geprägt; und in Nicaragua haben sehr, sehr viele über die Religion zur Revolution gefunden. Die Messe mit ihrem liturgischen Wechselgesang hat die Gestaltung politischer Veranstaltungen beeinflußt. Sandinos Slogan *Patria libre o morir* (ein freies Vaterland oder sterben) war jetzt die nationale Parole, und am Ende jeder Versammlung rief der jeweilige Redner unfehlbar: »¡*Patria libre!*«, worauf die Menge »¡*O MORIR!*« zurückbrüllte, was unsereinem, der der Geschichte dieses Landes als Fremder gegenüberstand und dem der Märtyrerkult in einem anderen, fernen Land, im Iran Khomeinis, eine furchtbare Warnung bedeutete, ziemlich grausig in den Ohren klang.
Die nicaraguanische Revolution war und ist bis heute eine *pasión* – als Leidenschaft wie als Leidensgeschichte. Die

Verschmelzung beider Bedeutungen ist charakteristisch für den Sandinismus, und das brachte Gloria Guevaras Gemälde zum Ausdruck.

> Dann aber
> werden wir die Toten wecken
> mit dem Leben, das sie uns vermacht,
> und singen werden wir mit ihnen,
> und über ganz Amerika
> werden Vögel in Scharen
> unsere Botschaft verbreiten.
> *(Aus dem Gedicht »Hasta que seamos libres«*
> *von Gioconda Belli.)*

Die Generationen Toter bildeten den Kontext, außerhalb dessen sich das siebenjährige *Nicaragua libre* nicht verstehen ließ. Wenn man vor *la Loma* stand, dem furchteinflößenden »Bunker«, der Somozas Machtzentrale gewesen war, erinnerte man sich: daran, daß der erste Somoza, Anastasio Somoza García, die Ermordung von zwanzigtausend Nicaraguanern hatte vollziehen lassen, bis er zuletzt auf einem Ball in León selbst erschossen wurde, von dem Dichter Rigoberto López (den Nationalgardisten umgehend töteten); und daran, daß nach einer kurzen Liberalisierungsperiode unter der Leitung von Luis, des einen Sohns Tachos I., der andere Sohn 1967 wieder den gewohnten Somoza-Stil einführte. Dieser Sohn war Tacho II., der Letzte und Unersättlichste seines Geschlechts. Es war erst sieben Jahre her, seit der Spuk ein Ende gefunden hatte, sieben Jahre, seit im Privatzoo des Despoten Menschen den Panthern zum Fraß vorgeworfen worden waren, seit Folter, Kastration und Vergewaltigung an der Tagesordnung gewesen waren. Sieben Jahre seit der Zeit der Bestie. *La Loma* ließ die Behauptung der USA, Nicaragua sei erneut ein totalitärer Staat, obszön klingen. Der Bunker war die Verkörperung des Totalitarismus, entsetzliches Relikt und nicht weniger entsetzliche Mahnung. Tag für Tag bezeugten die enthaupteten, geschändeten, verstümmelten Geister Nicaraguas, was hier geschehen war und was sich nie wiederholen durfte.

Das berühmteste Gespenst, Augusto César Sandino, war bereits gänzlich zum Mythos geworden – beinahe so wie etwa Gandhi. Der kleine Mann mit den gerunzelten Brauen und dem breitkrempigen Hut war zu einem Bündel Legenden geworden. 1927, als es in Nicaragua zu einem bewaffneten Aufstand gegen den von den USA unterstützten Konservativen Adolfo Díaz kam, der von dem Liberalen Sacasa angeführt und von Moncada, dem Stabschef der Armee, unterstützt wurde, war Sandino Leiter der Verkaufsabteilung der Huasteca-Erdölgesellschaft in Mexiko. Er kehrte nach Nicaragua zurück, um sich den Liberalen anzuschließen, und als Moncada sich mit den USA einigte und die Waffen niederlegte, verweigerte Sandino ihm den Gehorsam, so daß Moncada den Amerikanern mitteilen mußte: »Alle meine Männer ergeben sich, bis auf einen«, worauf Sandino mit seiner »verrückten kleinen Armee« in die Berge ging ... Diese Geschichte war berühmt und auch die Geschichte, wie er verraten worden war und im Februar 1934 von Somozas Häschern ermordet wurde, nachdem er ein Waffenstillstandsabkommen unterzeichnet hatte und sich auf dem Heimweg vom Festbankett befand. Mir fiel auf, daß nicht etwa Sandinos Gesicht, sondern sein Hut zum wirkungsvollsten Symbol in Nicaragua geworden war. Ein Sandino ohne Hut wäre nicht ohne weiteres identifizierbar gewesen, aber der Hut benötigte nicht länger den Träger, um auf ihn hinzuweisen. Häufig endeten FSLN-Graffiti mit den schematischen Umrissen der berühmten Kopfbedeckung, einer Zeichnung, die aussah wie ein Unendlichkeitssymbol, aus dem ein Vulkankegel emporragte. Unendlichkeit und Eruptionen: Der unehelich geborene Junge aus Niquinohomo hatte sich in lauter Metaphern verwandelt. Oder, anders ausgedrückt: Sandino war zu seinem Hut geworden.

Auf einem niedrigen Hügel im Westen der Stadt lehnten die Buchstaben FSLN – fast wie in Nachahmung des berühmten Wortes HOLLYWOOD. Zuerst dachte ich, die dreißig Meter breiten weißen Buchstaben seien wie die Weißen Pferde in England aus dem Berg herausgehauen oder aus Beton, vielleicht gar aus Marmor gebildet. Aber es waren nur Holzbuchstaben, die aus Latten zusammengenagelt und hier und da mit primitiven Holzbalken abgestützt waren. Als ich sie aus der Nähe zu sehen bekam, fiel mir auf, daß sie schon recht mitgenommen aussahen. Vor der Revolution hatte ein anderes Signet den Hügel gekrönt. Es hatte ROLTER gelautet und für eine Stiefel- und Schuhfabrik in Managua geworben. Diese Entdeckung führte mir wieder vor Augen, daß das Leben im nachrevolutionären Managua ein Provisorium war. Eine hölzerne

Reklametafel ließ sich ohne weiteres durch eine andere ersetzen. Und ich konnte nicht umhin, die Tatsache, daß das Zeichen der Sandinistischen Befreiungsfront auf dem einstigen Hügel der Stiefel errichtet worden war, symbolisch zu interpretieren.

Es war Regenzeit in Managua; der Himmel war ständig bedeckt. Von Norden blies ein kalter Wind.

2 Die Straße nach Camoapa

Im Haus des Vizepräsidenten Nicaraguas, des Romanciers Sergio Ramírez, waren die Wände mit Masken bedeckt. »Ah«, sagte der Wachposten, der mich in einen mit alten Bäumen bestandenen Innenhof führte, den breite überdachte Veranden umschlossen, »*el escritor hindú*«. Im Spanischen benutzt man für »indisch« *hindú;* der Begriff *de la India*, an dem ich nichts auszusetzen gehabt hätte, beleidigte offenbar nicaraguanisches Sprachgefühl. Folglich war ich für die Dauer meines Aufenthalts der *hindú*-Schriftsteller und nicht selten sogar *poeta*, was natürlich eine sehr schmeichelhafte Höflichkeit war.
In Nicaragua sind Masken bei volkstümlichen Festen und Volkstänzen unverzichtbares Requisit. Es gibt Tiermasken, Teufelsmasken und sogar Masken von Männern mit blutenden Schußwunden mitten auf der Stirn. Zur Zeit der Aufstände zogen sandinistische Guerillas oft mit rosa Strumpfmasken in den Kampf, auf die sie mit ein paar Strichen Gesichter gemalt hatten. Auch diese Masken sind Zubehör der Volkstänze. Bei der Vorführung eines Balletts, das sich an volkstümliche Tänze anlehnte, sah ich, daß eine der Tänzerinnen eine solche rosa Maske trug. Die Verbindung dieser Maske mit der Revolution war für mich so zwingend geworden, daß die Tänzerin in meinen Augen zu einem höchst befremdlichen Wesen wurde. Sie war keine maskierte Tänzerin, sondern ein Guerilla im Tutu. Der wahre Sinn der Masken besteht, wie jeder Schauspieler

weiß, nicht darin, daß man sich verbirgt, sondern daß man sich verwandelt. Eine Kultur der Masken ist mit den Prozessen der Metamorphose zwangsläufig sehr vertraut.

In Begleitung von Sergio Ramírez und von Luis Carrión, einem der Mitglieder des neunköpfigen Direktoriums der FSLN, machte ich mich auf den Weg in die Stadt Camoapa in der Provinz Boaco, um mitzuerleben, wie eine der wichtigsten Verwandlungen im neuen Nicaragua vor sich ging. Es war der Tag der Nationalen Agrarreform, und in Camoapa sollten die Besitztitel von siebzigtausend Morgen Land an die *campesinos* verteilt werden.
Sergio Ramírez war mit seinen ein Meter achtzig Körpergröße für einen Nicaraguaner erstaunlich groß und massig gebaut, und er hatte die ehrfurchtgebietende Aura eines chinesischen Mandarins; Luis Carrión entsprach mit seinem zierlichen Körperbau und dem Schnauzbart, der in der Sprache der Pariser 68er *événements* als »*marxiste, tendance Groucho*« bezeichnet worden wäre, schon eher dem Bild, das man sich vom typischen Nicaraguaner machte. Beiden mangelte es auffallend an den Worthülsen und pompösen Floskeln, die üblicherweise das Markenzeichen der Politiker sind. »Wie viele Morgen Land sind seit der Revolution neu aufgeteilt worden?« fragte ich, und sobald sie sich geeinigt hatten, wie viele *manzanas* (Einheiten des nicaraguanischen Flächenmaßes) einem Hektar entsprachen, und wir zu einem tragfähigen Kompromiß über das Verhältnis von Morgen zu Hektar gefunden hatten, errechneten wir, daß ungefähr zwei Millionen Morgen Land an etwa hunderttausend Familien übergeben worden waren.

Ich war beeindruckt und sagte das auch. Ramírez nickte. »Das zeigt den Leuten, daß wir willens sind, unsere Versprechungen einzuhalten.«

Als Don Anastasio Somoza dem Land den Rücken kehrte, nahm er alles mit, was er tragen konnte, inklusive sämtlichen Bargelds aus dem Staatssäckel. Sogar die Leichen Tachos I. und Luis Somozas ließ er ausgraben und ins Exil verfrachten. Ohne Zweifel hätte er auch Grund und Boden mitgenommen, wenn er bloß gewußt hätte, wie. Aber er konnte es nicht, und auch seine Kumpane, die mit ihm flohen, konnten es nicht, und so fand sich die Regierung des neuen Nicaragua im Besitz der verlassenen Ländereien, die die Hälfte des Ackerlandes von Nicaragua ausmachten. Das Land, das neu verteilt wurde, waren diese riesigen Güter und nicht etwa, so erklärten Carrión und Ramírez nachdrücklich, die Felder anderer Bauern. »Niemandem, der in Nicaragua geblieben ist und seinen Boden bearbeitete, wurde Land weggenommen«, sagte Ramírez, der ausgezeichnet Englisch sprach, es aber schnell leid wurde und ins Spanische verfiel. »Unsere Prioritäten liegen auf den Gebieten der Produktion und der Verteidigung; warum sollten wir uns mit Leuten anlegen, die etwas produzieren? Im Gegenteil, wir unterstützen zahlreiche private Landeigentümer mit großem Grundbesitz.« Auf der Straße nach Camoapa, die zwischen den beiden größten Seen des Landes verläuft, dem Managuasee und dem Nicaraguasee (der eigentlich ein Binnenmeer ist und das einzige Gewässer der Welt, wo man von Süßwasserhaien gefressen werden kann), waren beide eifrig darauf bedacht, mich auf jeden Bauernhof und jede Fabrik hinzuweisen, die in Pri-

vatbesitz verblieben waren. Im Tonfall der nicaraguanischen Führer schwang häufig etwas Defensives mit. »Kein anderes Land wird so durchs Vergrößerungsglas betrachtet wie wir«, drückte Außenminister d'Escoto es mir gegenüber aus. Das Gefühl, daß man sie die ganze Zeit beobachtete und auf den kleinsten Ausrutscher lauerte, machte sie nervös und überempfindlich.
Die Straße nach Camoapa war wie viele Straßen in Nicaragua mit Ziegelsteinen gepflastert. Somoza hatte eine Ziegelfabrik besessen. Nach dem Erdbeben von 1972 hatte er angeordnet, daß die Hauptverkehrsstraßen des Landes mit Ziegeln aus der Fabrik des Präsidenten zu pflastern seien, und hatte der Nation die Pflastersteine zu Höchstpreisen verkauft. »Aber wir merkten, daß man diese Pflastersteine sehr leicht herausreißen konnte«, erzählte Luis Carrión mir genüßlich, »und bei den Aufständen konnten wir Somozas Fahrzeugkolonnen dank seinen eigenen Ziegelstraßen immer schnell aufhalten.« Carrión sah für ein Regierungsmitglied zu jung aus. In Nicaragua kommt man sich als »junger Schriftsteller« von neununddreißig Jahren ziemlich alt vor. Zum Glück war Sergio Ramírez ein paar Jahre älter als ich. Aber neben ihm kam ich mir wiederum sehr klein vor.
Ich wollte wissen, was Ramírez von den jüngsten Äußerungen des berühmten peruanischen Romanciers Mario Vargas Llosa über Nicaragua hielt, die in der *New York Times* und in anderen Blättern veröffentlicht worden waren. »Er ist in letzter Zeit so weit nach rechts gerückt, daß seine Kritik mich nicht sonderlich überrascht hat«, sagte Ramírez. Und was hielt er von Llosas Behauptung, daß die

westlichen Staaten in Nicaragua weder die Contra noch die FSLN, sondern die *antisandinistischen demokratischen Nicaraguaner* unterstützen sollten, die möglicherweise sogar die heimliche Mehrheit seien? Carrión und Ramírez mußten beide lachen. »So eine Mehrheit gibt es nicht«, sagte Ramírez. »Wenn Sie eine finden, sagen Sie mir Bescheid.« Vargas Llosa hatte auch anklingen lassen, daß die Sandinisten in Wahrheit eine Art Sowjetstaat einrichteten und daß die Konzessionen an eine gemischte Wirtschaftsform und eine pluralistische Demokratie bloße Augenwischerei seien, da die FSLN diese Dinge nur deshalb beibehalte, weil von außen Druck auf sie ausgeübt werde. (Was er im nächsten Satz sofort mit der Erklärung relativierte, daß er gegen die Contra sei.)
Ramírez schien sich über diese Bemerkung zu ärgern. Er sagte, wenn nicht Ausnahmezustand herrschen würde, könnte man dem Volk weit mehr Freiheiten einräumen, als der derzeitige Notstand erlaube; ein Frieden würde mehr und nicht weniger Demokratie mit sich bringen. »Wir haben das Recht zur Selbstbestimmung. Unsere Innenpolitik ist unsere Sache und geht andere nichts an.«
»Aber jetzt, nachdem die hundert Millionen Dollar für die Contra bewilligt worden sind«, wandte ich ein, »haben andere sie doch zu ihrer Sache gemacht, oder?«
Luis Carrión antwortete mir. »Die hundert Millionen sind nicht das Problem. Von der Konterrevolution droht uns keine ernsthafte Gefahr.« Seiner Ansicht nach war die Contra-Armee vernichtend geschlagen. »Inzwischen vermeiden sie es, im Kampf auf unsere Einheiten zu treffen, weil sie so schwere Verluste erlitten haben. Sie verlegen

sich jetzt stärker auf Terroranschläge, um die Zivilbevölkerung einzuschüchtern und um unsere Produktion zu schädigen. Wir rechnen damit, daß es noch zu mehr solcher Anschläge kommen wird. Wir sind darauf gefaßt, daß sie es als nächstes in den Städten probieren werden, vielleicht sogar in Managua, jetzt, da sie die neuen Gelder haben; aber wir sind darauf vorbereitet. Außerdem sind sie ausgeblutet und demoralisiert – in den letzten zwei Jahren haben ihre Truppen sich um mehrere tausend Mitglieder verringert. Nein: die wirkliche Gefahr droht uns von der CIA.«
Ach ja, *la Cia*. Meine unwillkürliche Reaktion auf die Erwähnung der CIA in diesem Zusammenhang war eine Mischung aus typisch westlichem und typisch östlichem Denken. Der Westler in mir wollte sich nicht zum x-ten Mal irgendwelche finsteren Agentenschauergeschichten auftischen lassen und wehrte sofort ab: »Nicht schon wieder die.« Sein östliches Pendant dagegen wußte sehr gut, daß die CIA tatsächlich existierte und beträchtliche Macht besaß und daß es zwar zweifellos zu einfach war, sie jederzeit zum Sündenbock zu machen, aber nicht weniger abgegriffen und zynisch, mit einer solchen Erklärung ihre Macht herunterspielen zu wollen.
Die CIA operierte in Mittelamerika mittels etwas, was den hübschen Namen UCLA hatte: Unilaterally Controlled Latino Assets, ihr spezieller »politischer Fonds«. Da sie nun nicht mehr im Verborgenen wirken mußte, konnte man davon ausgehen, daß sie diese Mittel wirkungsvoll einsetzen würde. Vorsichtige Schätzungen veranschlagten das Budget, das die CIA 1986/87 gegen Nicaragua zum Einsatz bringen will, auf etwa vierhundert Millionen Dol-

lar – ein Betrag, der viermal so hoch ist wie die für die Contras bewilligten Hilfsgelder. Wenn man dann noch die dreihundert Millionen Dollar berücksichtigte, die die Reagan-Regierung darauf verwendete, »Abfindungen« an die Nachbarländer Nicaraguas zu zahlen, erhielt man einen Gesamtbetrag von achthundert Millionen Dollar, der für Störmanöver und Sabotageakte ausgegeben wurde, um den Widerstand eines Volkes von weniger als drei Millionen Menschen zu brechen.

(Nur zum Vergleich: Alle Gelder, die durch die Band-Aid-, Sport-Aid- und Live-Aid-Veranstaltungen gesammelt wurden, machen zusammen weniger als ein Viertel dieses Betrags aus.)

Die CIA hatte den Hafen von Corinto vermint, und solche unverhüllten Attacken bedeuteten ernste Probleme für die Regierung von Nicaragua. »Gegen solche Akte der Aggression können wir so gut wie nichts unternehmen«, sagte Carrión. »Wir sind machtlos dagegen.«

Carrión war davon überzeugt, daß Reagan unter einem beliebigen Vorwand eine direkte US-Invasion veranlassen würde, sobald ihm aufginge, daß die Contra nie die Kartoffeln für ihn aus dem Feuer holen würde. Im Lauf meines Aufenthalts stellte ich fest, daß dies die mehr oder weniger einhellige Ansicht aller sandinistischen Führer war, mit denen ich zusammentraf. »Reagan hat die Nicaragua-Geschichte zu sehr zu einer persönlichen Prestigefrage gemacht, als daß er aus dem Amt scheiden würde, ohne vorher versucht zu haben, uns zu vernichten«, sagte Ramírez. Die Regierung wappnete sich gegen die erwartete US-Invasion, indem sie die *campesinos* bewaffnete. »Unsere beste

Verteidigung«, sagte Luis Carrión zu mir, »ist eine bewaffnete Bevölkerung.« Diese Worte sollte ich während meines Aufenthalts noch oft zu hören bekommen. An Tausende von Nicaraguanern waren bereits AK-47-Maschinenpistolen und andere Schießprügel ausgegeben worden. Wenn man dem Pentagon klarmachen konnte, daß ein Überfall hohe Verluste unter den US-Soldaten bedeutete, würde es sich sorgfältig überlegen, ob ein solcher Überfall politisch opportun sein mochte. »Nicaragua wird kein zweites Grenada werden«, sagte Luis Carrión. »Das wird ein zäher Kampf.«
Vor meinem inneren Auge türmten sich bereits Berge von Leichen auf. Ich wechselte das Thema und fragte Ramírez nach seiner Meinung über einen Bericht der Internationalen Liga für Menschenrechte, der vor kurzem in der *Herald Tribune* erschienen war und in dem Nina H. Shea, die der Gruppe mit Sitz in New York vorstand, erklärt hatte: »Die Unterdrückung in Nicaragua geht weniger auffällig und weniger blutrünstig vor sich als in den anderen Staaten Mittelamerikas, aber dafür ist sie heimtückischer und gründlicher.«
Ramírez fing an zu erklären, daß alle wichtigen Menschenrechtsorganisationen Nicaragua ein ziemlich gutes Zeugnis ausgestellt hätten, aber dann verlor er die Beherrschung. »Sehen Sie«, rief er, »wenn wir die Leute nicht ermorden und foltern, wie es in El Salvador geschieht, dann beweist das nur, daß wir so teuflisch raffiniert vorgehen.«
Eine Kuh zockelte gemächlich über die Straße, und der Fahrer bremste abrupt. Die Eskorte – einheitlich mit orangefarbenen Gummihandschuhen angetan – hielt an und

wartete. »Man muß sich in die Tiere einfühlen können«, sagte Luis Carrión freundlich. »Eine Kuh wird niemals von dem Weg abweichen, den sie sich in den Kopf gesetzt hat. Ein Hund dagegen ist unberechenbar.«
Wir erreichten Camoapa, wo bereits Feiertagsstimmung herrschte. Fünftausend *campesinos* drängten sich auf dem größten Platz, und ringsum flatterten Bündel kleiner blauweißer Nationalfahnen und rot-schwarzer Frente-Banner. Es wimmelte von Sandino-Strohhüten, blankgeschrubbten Kindern in Sonntagskleidern und diensttuenden Milizen. »Señor Reagan«, las ich auf einem Plakat, das eines der Mitglieder der Kooperative *Helden und Märtyrer vom 1. Mai 1986* hochhielt, »nicht einen Zipfel von unserem Land bekommen Sie!« Und ein anderes Plakat forderte: »*¡Trabajo y fusiles!*« – Arbeit und Gewehre. Es fiel einem schwer, hier an die von Vargas Llosa vermutete antisandinistische Mehrheit zu glauben. Die Regierung, die sehr wohl wußte, daß sie in den *campesinos* ihren wichtigsten Rückhalt besaß, räumte den ländlichen Gebieten gegenüber den Städten Priorität ein, was die Versorgung mit den spärlichen Rohstoffen des Landes betraf. Von der Lebensmittelknappheit, die inzwischen in Managua, Granada und León herrschte, war hier wenig zu merken; diese Bevorzugung sowie die Landreformen hatten dafür gesorgt, daß Kommunen wie Camoapa loyale FSLN-Hochburgen geblieben waren.
Jaime Wheelock, einer der neun *comandantes de la revolución* der FSLN, der jetzt Landwirtschaftsminister war und noch jünger wirkte als Luis Carrión, sprach zu der Menge. Es war auffallend, wie wenig emotionale Distanz zwischen Publikum und Redner bestand. Mir fiel kein einziger west-

licher Politiker ein, der auf ähnlich vertraute Weise zu einer so großen Versammlung hätte sprechen können. Der Gemeindepfarrer von Camoapa, Pater Alfonso Alvarado Lugo, sprach ebenfalls. »Es erfüllt mich mit Freude«, sagte er zu den *campesinos*, »daß ihr, die ihr früher in der Gosse gelebt habt, jetzt eigenes Land bebauen könnt.« Die *campesinos* traten vor und erhielten die Titel über ihren Grundbesitz ausgehändigt, ohne Pomp und Feierlichkeit. Es schien völlig natürlich, daß man bewegt war.
Dann nahm der Wechselgesang seinen Verlauf. Eine junge Sandinistin gab den Animateur ab. »Das geeinte Volk«, rief sie in ein Mikrofon, und die Menge rief zurück: »... läßt sich nicht in die Knie zwingen!«
»Laßt uns kämpfen!«
»Für den Frieden!«
»*¡Venceremos!*«
»*¡No pasarán!*«

Ach, übrigens: Gegen Ende der Feierlichkeiten spielte die Dorfkapelle unter anderen beliebten Melodien des Landes die Internationale.

3 Dichter am Tag der Freude

Am siebten Jahrestag der Abreise Somozas mit Kisten, Koffern und Särgen begleitete ich einen bekannten Dichter auf dem Weg zu einem wichtigen Telefongespräch. Der Dichter war Daniel Ortega, dessen bekanntestes Gedicht vielleicht dasjenige ist, das er »Die Miniröcke in Managua sah ich nicht« betitelt hatte. Als die Rocksäume in Managua über die Knie rutschten, saß Ortega im Gefängnis.
Präsident Ortega – oder Comandante Daniel, wie ihn alle nannten – wollte nicht mehr über seinen Gefängnisaufenthalt sprechen. Aus seinem Gedicht »Im Gefängnis« konnte man den Grund erraten:

> Tritt ihn so, und so,
> in die Eier, ins Gesicht, in die Rippen.
> Gib mir das heiße Eisen, den Gummiknüppel.
> Red endlich! Rede, du Hundesohn,
> einen Schluck Salzwasser?
> Re-de, wir wollen dich nicht zum Krüppel schlagen.

Ich wollte mit ihm über sein Schreiben sprechen, aber meine Fragen schienen ihm unangenehm zu sein. »In Nicaragua«, sagte er ausweichend, »gilt jeder als Dichter, solange man ihm nicht das Gegenteil nachweisen kann.« Zur Zeit richtete er seine literarische Hauptanstrengung darauf, seine Minister und Beamten dazu zu bewegen, sich dem Volk gegenüber schnörkellos auszudrücken. »Viel zu häufig verfallen wir in eine Sprache, die uns von den Zuhörern fernhält, die einen unüberbrückbaren Abstand schafft.« Er sah aus wie ein Bücherwurm, der einen Bodybuilding-Kurs absolviert hatte, und auch in seinem Auftreten war die Schüchternheit des blinzelnden milden Brillenträgers mit einer ihr völlig entgegengesetzten Selbstsicherheit gepaart. Ihm würde niemals wieder jemand Sand ins Gesicht treten.

Der Dialog mit dem Volk war eine der vorrangigen Aufgaben seiner Verwaltung. Regelmäßig sorgte er dafür, daß das ganze Kabinett sich auf öffentlichen Veranstaltungen dem Volk stellte, dem er dabei Rechenschaft ablegte in einer Weise, wie es kaum einer seiner Kritiker im Westen je tun würde. Ich versuchte mir einen Ronald Reagan oder eine Margaret Thatcher vorzustellen, die bereit wären, sich einmal im Monat einem solchen Kreuzverhör durch die Öffentlichkeit zu unterziehen, aber es gelang mir nicht.

Aber heute ging es um eine andere Art von Kommunikation. Der Telefonanruf, den Ortega machen wollte, stellte die offizielle Einweihung einer »Inter-Sputnik«-Verbindung zwischen Nicaragua und den Ostblockländern dar. Wir erreichten die Parabolantenne, die nicht weit von den hölzernen FSLN-Buchstaben in den Hügeln oberhalb von Managua errichtet war, und hörten uns Ansprachen russischer Würdenträger an. Die neue Anlage war von der UdSSR bezahlt worden, und die USA bezeichneten sie bereits jetzt als Spionagestützpunkt. Ich fand, sie sah wie eine Telefonanlage aus.

Als Daniel Ortega zuerst seinen Botschafter in Havanna und danach die Botschaft von Nicaragua in Moskau anrief, schien es mir eklatant zu sein, wie schwachsinnig die Taktik der USA war. Im nicaraguanischen Fernsehen liefen alte Jack-Nicholson-Filme, Coca-Cola machte hierzulande ein Bombengeschäft, und im Radio hörte man Madonna – »living in a material world and I am a material girl«; Baseball war eine nationale Leidenschaft, und man sprach voller Stolz davon, wie viele Nicaraguaner in den Vereinigten Staaten in die wichtigsten Ligaspiele gekommen waren. In den alten Zeiten unter Somoza, als die Zeitungen zensiert wurden, waren an Stelle der verbotenen Artikel Fotos von Marilyn Monroe und anderen Hollywood-Stars abgedruckt worden, so daß eine in dieser Form wohl einzigartige Allianz Hollywoods mit radikalem Protest entstanden war. Auch in der Literatur des Landes war der Einfluß der Vereinigten Staaten nicht zu übersehen. Die Lyrik in Nicaragua war von Walt Whitman und Ezra Pound stark beeinflußt worden.

Aber jetzt sah man sich mit der Wirtschaftsblockade durch die USA konfrontiert. Eine Schiffsladung von Kränen aus Holland für Nicaragua war von den US-Behörden in der Kanalzone beschlagnahmt worden. IBM hatte seinen Reparaturservice in Nicaragua eingestellt, so daß das ohnehin schon verarmte Land auch noch unter hohem Kostenaufwand zu anderen, weniger ideologisch ausgerichteten Computersystemen wechseln mußte. (Was würde nun, so fragte ich mich unwillkürlich, aus dem neuen IBM-Textverarbeitungsgerät werden, das Sergio Ramírez mir mit der ganzen Begeisterung und dem ganzen Stolz eines High-Technology-Freaks vorgeführt hatte?) Erst vor kurzem hatte die Reagan-Regierung die Oxfam-Hilfsorganisation daran gehindert, eine Schiffsladung von Samen, Hacken und anderen landwirtschaftlichen Geräten im Wert von einundvierzigtausend Dollar nach Nicaragua zu schicken.

Es war unmöglich, auch nur einen Tag in Nicaragua zu verbringen, ohne des starken und unablässigen Drucks gewahr zu werden, den der Riese ausübte, der an der Nordgrenze stand – eines Drucks, der jede Minute jedes einzelnen Tages prägte.

In der Morgenzeitung war eine Karikatur von Roger, Nicaraguas bekanntestem Cartoonisten; sie zeigte einen riesenhaften Uncle Sam, der sich bückte und mit einem Fernglas ein winziges nicaraguanisches Haus betrachtete, das in Form und Größe an Snoopys Hundehütte erinnerte. »Ja«, stand in Uncle Sams Sprechblase, »ich erkenne es ganz deutlich: Sie wollen uns eindeutig überfallen.«

Zufällig war zu der Zeit ein *Peanuts*-Strip zum selben Thema erschienen. Linus, Snoopy und – wenn ich mich nicht täusche – Lucy sitzen in Kampfanzügen mit Tarnmuster vor dem Fernseher. »Was sagt er gerade?« fragt das Mädchen. Linus antwortet: »Dasselbe, was er gestern gesagt hat. Er sagt, daß es da draußen Leute gibt, die unsere Gesellschaft kaputtmachen wollen.« »Ich glaube ihm nicht«, sagt Lucy oder Patty oder wer auch immer. »Wirklich? Warum nicht?« »Ich glaube niemandem.«

Die Sowjetminister standen neben Daniel Ortega, als er das Telefongespräch mit Moskau führte. Kurz vorher hatte die

New York Times in einem Leitartikel die Sandinisten als Stalinisten bezeichnet. Stephen Kinzer, der Korrespondent der *New York Times* in Managua, hatte mit ziemlicher Verspätung einen Bericht über die neueste Greueltat der Contras (ohne den Tatort besichtigt zu haben) eingeschickt, das Verminen einer Landstraße in der nördlichen Jinotega-Provinz, in der Nähe von Bocay. Die Mine hatte einen Bus in die Luft gejagt und zweiunddreißig Zivilisten, darunter mehrere Schulkinder, getötet. Kinzers Bericht wollte suggerieren, daß die FSLN die Mine selbst gelegt haben könnte, um sich auf diese Weise internationales Mitleid zu erschleichen.

Druck und ein Telefongespräch mit Moskau. Irgendwann wird der Feind meines Feindes mein Freund.

In Managua waren die Bohnen knapp geworden. (Man stelle sich ein Italien ohne *pasta* vor.) An manchen Tagen gab es nicht genug Mais zum Tortillabacken. Die Inflation hatte fast fünfhundert Prozent erreicht, die Preise waren außer Kontrolle geraten. Es konnte sechs Stück Vieh kosten, wenn man seinen Lastwagen reparieren lassen wollte.

Die Wirtschaft ist in großem Maße von Importen abhängig. Nicaragua erzeugt weder Glas, noch Papier, noch Stahl. Und seine Wirtschaft ist sehr leicht zu schädigen. Der Ökonom Paul Oquist hatte sie mir als eine »von allem ein bißchen«-Ökonomie beschrieben – es gab einen Seehafen, eine Ölraffinerie, einen internationalen Flughafen. Es würde den USA ein leichtes sein, mit ihren »gezielten Operationen« das Land lahmzulegen.

»Vielleicht würden sie die Raffinerie verschonen«, sagte Oquist, der selbst ein *norteamericano* war, »weil sie Exxon gehört.«

In den fünf Kriegsjahren hatte die nicaraguanische Wirtschaft einen Schaden erlitten, der mit zwei Milliarden Dollar beziffert wurde. 1985 waren Nicaraguas Gesamtexporte auf dreihundert Millionen Dollar veranschlagt worden, während für neunhundert Millionen Dollar Importe getätigt worden waren. Zwei Milliarden Dollar Importe entsprachen ungefähr dem Jahresbruttosozialprodukt Nicaraguas. Das Land hatte also in den letzten fünf Jahren das Bruttosozialprodukt eines ganzen Jahres eingebüßt – und die schlimmsten Verluste hatte es in der zweiten Hälfte dieser Zeitspanne hinnehmen müssen.

Als der Internationale Gerichtshof in Den Haag die USA verurteilte, bekräftigte er auch Nicaraguas Anspruch darauf, von den USA Schadenersatz für die erlittene wirtschaftliche Schädigung zu erhalten. Der Gerichtshof verwarf den Einspruch der USA, Nicaragua sei ein »Aggressor« und die Nachbarstaaten befänden sich daher in einer Notwehrsituation. (Die Stimmen für den Mehrheitsentscheid waren die von Algerien, Argentinien, Brasilien, China, Frankreich (mit zwei Stimmen), Indien, Italien, Nigeria, Norwegen, Polen und Senegal. Die drei Gegenstimmen waren die Stimmen der USA, Großbritanniens und Japans.)

Die Reagan-Regierung gab nichts auf internationale Rechtsprechung – zumindest dann nicht, wenn deren Vertreter gegen die USA entschieden. Die Situation war gro-

tesk: das Land, das tatsächlich illegale Handlungen beging und Gesetze brach, bombardierte die gewählte Regierung eines Landes, das keine Gesetze übertreten hatte, mit Bezeichnungen wie: totalitär, tyrannisch und stalinistisch; der Bandit schwang sich zum Sheriff auf.
Daniel Ortega beendete das Telefongespräch mit Moskau und legte den Hörer auf. Wir alle – Russen, Nicaraguaner, *escritor hindú* – strahlten übers ganze Gesicht. Schließlich war heute der Tag der Freude.

Und nach dem Tag kam die Nacht der Freude. In einem großen grünen Zirkuszelt – von Kuba gestiftet – veranstalteten Musiker aus ganz Mittelamerika ein Festival zeitgenössischer Musik, der *nueva canción*. Salsa-Rhythmen wechselten mit Protestsongs ab. Managua war ein richtiger Treffpunkt für liberale amerikanische Musiker geworden. In diesem Zelt, dem *Carpa nacional*, hatten vor nicht langer Zeit Peter, Paul and Mary gastiert; auch Jackson Browne war hier aufgetreten.
Währenddessen rezitierten am anderen Ende der Stadt in den Ruinen des Grandhotels sieben Lyrikerinnen ihre Gedichte. Das Hotel war beim Erdbeben zusammengestürzt, und die Überreste – ein Innenhof mit Balkonen, der jetzt vom Himmel überdacht war – wurden als städtisches Kulturzentrum benutzt. In den Ruinen drängten sich die Freunde der Dichtkunst. Ich glaube, nicht einmal in Indien und Pakistan, wo Dichter große Verehrung genießen, habe ich je Menschen erlebt, die sich so viel aus Poesie machten wie die Nicaraguaner. Hinten auf der offenen Bühne standen die sieben Frauen beieinander und gingen auf und

ab; sie hatten sich alle todschick aufgemacht und waren sichtlich nervös. Nacheinander traten sie vor, wurden von der Kritikerin Ileana Rodríguez vorgestellt, und jedesmal, wenn eine der Dichterinnen ihren Vortrag beendet hatte und wieder in den Hintergrund trat, nahmen die anderen sie in ihre Mitte, umarmten sie und sprachen ihr Mut zu.

Zwei der sieben Dichterinnen fielen mir besonders auf: Vidaluz Meneses, eine zierliche, ernste Frau mit einem zurückhaltenden Auftreten, das sanft und doch beeindruckend war, und Gioconda Belli, die den begehrten Casa-de-las-Americas-Preis erhalten hatte. Ihre Gedichte waren nicht nur sinnlich, sondern auch ausgesprochen politisch.

Vidaluz Meneses' Vater hatte zunächst in Somozas Nationalgarde als General gedient und war dann 1978 in Guatemala von der Guerilla der Armen ermordet worden (er war dort Somozas Botschafter gewesen). Vidaluz Meneses' bewegendes Gedicht »Die letzte Postkarte an meinen Vater, General Meneses« machte deutlich, daß ihr Schreiben durch die Ambiguität ihrer familiären Beziehungen bereichert worden, aber gleichzeitig für sie sehr viel schmerzhafter geworden war. (Zum Zeitpunkt des Todes ihres Vaters arbeitete sie bereits seit längerer Zeit heimlich für die Befreiungsfront; als ihr Vater das entdeckte, belastete das naturgemäß die Beziehung der beiden.) In einem Interview mit Margaret Randall hat Vidaluz Meneses über diese Ambiguität gesprochen: »Es war mir nie möglich, die gegnerische Seite zu hassen, sondern ich empfand vielmehr Trauer. Denn jemand, den ich liebte, konnte meine Ideale

nicht teilen. Und das ist, glaube ich, eine Art roter Faden in meinem Werk ... Und doch weiß ich, daß viele meiner Freunde mit diesem Gedicht nicht einverstanden sind ... Vielleicht kommt ihnen meine Haltung unentschlossen vor, so wie sie sich in diesem Gedicht äußert. Aber meiner Ansicht nach muß Lyrik das ausdrücken, was man wirklich fühlt.«
Sie sagte, sie gehöre zu einer »geopferten Generation«, die ihre privaten Bedürfnisse als Dichter der Aufgabe, die Nation wiederaufzubauen, hintanstellen müsse. Es war eine Aussage, wie man sie durchaus von einer Frau erwarten konnte, deren Einstellung zur Revolution im wesentlichen einer religiösen Haltung entsprang – und das war bei Vidaluz Meneses wohl auch der Fall. Aber Gioconda Belli, eine weitaus weltlichere Dichterin, äußerte sich ganz ähnlich gegenüber Margaret Randall. Sie sagte, sie habe beschlossen, aus ihrer Arbeit (für die Revolution) das »beste Gedicht zu machen, das ich je schreiben könnte«.
Gioconda Bellis Gedicht beschloß den Abend. Es war ihr gelungen, eine Art öffentlichen Bekenntnisses zu schreiben, das die Liebe zu Nicaragua deutlicher ausdrückte als alles, was ich bisher zu hören bekommen hatte:

> Flüsse fließen in mir,
> Berge graben sich in meinen Körper,
> und die Geographie dieses Landes
> nimmt in mir Gestalt an,
> ich werde zu Seen, Spalten, Schluchten,
> Erdboden, der sich öffnet,

in den die Liebe gesät wird,
und ich bin voller Sehnsucht,
es frei zu sehen, schön
und voller Freude.

Vor Liebe möchte ich bersten ...

4 Das Badezimmer
von Madame Somoza

Wenn junge Schriftsteller sich in den Cafés von Managua trafen, gehörte es zum guten Ton, über Ernesto Cardenal herzuziehen. Da Pater Cardenal nicht nur der international bekannteste Lyriker des Landes ist, sondern außerdem Kultusminister, betrachtete ich diese Attacken als Indizien für einen gesunden Mangel an Ehrfurcht, der nichts Schlechtes für die Literatur des Landes verhieß. Die Kaffeehaushäme schien Cardenal nicht viel auszumachen. Er lächelte weiter sein wohlwollendes Lächeln und sah mit seiner Baskenmütze, den silbergrauen Locken und dem Bart und in seiner *cotona*, dem weiten Bauernkittel, den er über den Blue jeans trug, wie eine Garry-Trudeau-Karikatur von Ernesto Cardenal aus: wie die *Doonesbury*-Version des radikalen lateinamerikanischen Priesters.

Was Cardenal und mit ihm viele Nicaraguaner aus der Fassung gebracht hatte, war die Attacke des Papstes gewesen. Die Geschichte von Wojtylas Ankunft in Managua war bereits zur Legende geworden: Cardenal war niedergekniet, um den Ring des Papstes zu küssen, aber Johannes Paul II. hatte ihm mit dem Zeigefinger gedroht und ihm befohlen, sein Verhältnis zur Kirche in Ordnung zu bringen. Der Dichter war in Tränen ausgebrochen.

Zum Zeitpunkt meines Besuches durften weder Ernesto Cardenal noch Miguel d'Escoto, der andere Priester, der als Außenminister ein hohes Regierungsamt bekleidete, die

Messe abhalten. Beide waren suspendiert. Als ich Cardenals Gedicht »Die Bedeutung von Solentiname« las, begriff ich einige Gründe für diese Spaltung innerhalb der Kirche.

> Vor zwölf Jahren ging ich mit zwei Brüdern in
> Christo nach Solentiname,
> um eine kleine kontemplative Gemeinde
>   zu gründen. [...]
> Von der Kontemplation
> kamen wir zur Revolution,
> und das war richtig so,
> weil ein Mann der Kontemplation
>   in Lateinamerika
> nicht der Politik den Rücken kehren kann.
> Was uns politisch so radikalisierte,
> das war das Evangelium.
> In der Messe sprachen wir mit den Bauern
> über das Evangelium
> in einem Dialog,
> und sie begriffen den Inhalt der Gottesbotschaft:
> die Ankunft des Reiches Gottes,
> was hieß: die Errichtung einer gerechten
>   Gesellschaft
> auf der Erde [...]
> Zu Anfang wollten wir
> eine gewaltlose Revolution.
> Aber später begriffen wir,
> daß heute, in Nicaragua,
> ein gewaltloser Kampf nicht möglich war. [...]

Jetzt ist alles vorbei in unserer Gemeinde.
Solentiname
war ein Paradies,
aber für ein Paradies
ist es in Nicaragua zu früh.

Die Begegnung mit Cardenal fand in Hope Somozas Badezimmer statt. Das Kultusministerium ist in der ehemaligen Residenz des Diktators untergebracht, und im Büro des Ministers, so erklärte er mir heiter, hatte sich früher Madame Somozas tägliche Toilette abgespielt. War er je in den schlimmen alten Zeiten hier gewesen, wollte ich von ihm wissen. Nein, nein, rief er und erhob die Hände in einer Geste, die wie eine Parodie auf das Entsetzen war, das er früher zu Recht bei so einer Vorstellung hätte empfinden müssen. »Damals war das ganze Haus von Maschinengewehren, Panzern und Hubschraubern eingekreist. Man bekam schon Angst, wenn man sich nur in der Nachbarschaft aufhielt.« Ich erzählte ihm von meiner kurzfristigen Nachbarschaft mit Hope Somoza, und er war begeistert. »Dann wissen Sie ja Bescheid.«
Er führte mich durchs Haus. »Hier war die Bar. Hier ist das japanische Gartenhaus, in dem Hope Somoza gern meditierte. Hier waren die Wachen untergebracht, hier die Pferde.« Betonierte Tennisplätze waren vom Regen bereits übel mitgenommen. Mir wollte es scheinen, als wäre die Installierung des Kultusministeriums in diesem Haus der Barbarei eine ausgesprochen elegante Form der Rache, und Cardenal teilte ganz offensichtlich dieses Gefühl.
In Hopes Badezimmer unterhielten wir uns dann über

seine dichterische Entwicklung. Da gab es den frühen Einfluß Nerudas – »seine lyrische Sprache, nicht das Politische« – und später die tiefere Prägung durch nordamerikanische Dichter: Pound, Whitman, Marianne Moore. Wir sprachen auch über die parallel dazu verlaufene Entwicklung seiner radikalen politischen Haltung. »Am Anfang war ich eine Art Christdemokrat. Ich stritt mich oft mit Carlos Fonseca und den anderen. Damals war ich gegen die revolutionäre Linie. Die anderen hatten sehr viel Geduld und Nachsicht mit mir.« Der Mann, dem ich gegenübersaß, war immerhin als Einunddreißigjähriger in ein Trappistenkloster eingetreten. Für einen so nach innen gerichteten, kontemplativen Geist war der Weg zur Revolution keine Selbstverständlichkeit.
Den Wendepunkt hatte seine Reise nach Kuba kurz nach der kubanischen Revolution markiert. »Es war eine Bekehrung«, sagte er. »Als ich zurückkam, erklärte ich, daß ich bekehrt worden sei. Das verursachte einen gewaltigen Skandal.« Er lächelte glücklich bei der Erinnerung daran. Ich sagte, diese Bekehrung könne ich gut verstehen; die Revolution auf Kuba war zweifellos für ganz Lateinamerika ein wichtiges Ereignis gewesen, eine Bestätigung dessen, daß man sich seiner Unterdrücker entledigen konnte. Aber dem heutigen Kuba gegenüber, sagte ich, hätte ich starke Vorbehalte. Sei dies bei ihm nicht auch der Fall? Habe er zum Beispiel nicht auch den Eindruck, daß die kubanische Revolution sich in verschiedener Hinsicht in die falsche Richtung entwickelt habe und Nicaragua infolgedessen nicht nur als Vorbild, sondern auch als Warnung dienen könne?

»Nein«, antwortete er mit einem strahlenden Lächeln. »Warum? Was für eine falsche Richtung?«
Schon gut, dachte ich, er ist schließlich Kultusminister und will nicht übermorgen auf den Titelseiten ausländischer Zeitungen die Schlagzeile »Cardenal greift Kuba an« lesen. Aber er ist doch auch Schriftsteller ... Und ich holte tief Luft und erwähnte die, hm, Menschenrechtsverletzungen, nicht wahr? Politische Gefangene, Folterungen, die Verfolgung von Homosexuellen und von, äh, *Schriftstellern?*
»Wer wird verfolgt?«
Seine Gelassenheit brachte mich aus der Fassung. Ich sagte idiotischerweise: »Zum Beispiel Nicolas Guillén« – Guillén ist der Vorsitzende der kubanischen Schriftstellergewerkschaft –, dabei hatte ich tatsächlich Heberto Padilla nennen wollen. Cardenal sah mich spöttisch an. »Zu Anfang gab es ein paar Übergriffe«, sagte er, »aber das ist längst vorbei.« Ich insistierte noch eine Weile und fragte weiter – wie es sich mit Armando Valladares' Buch *Against All Hope* verhalte, in dem die mehr als zwei Jahrzehnte, die der Autor in kubanischen Gefängnissen verbracht hatte, beschrieben werden, zwei Jahrzehnte, in denen er gezwungen worden war, Exkremente zu essen und Suppe zu trinken, die Glasscherben enthielt? Aber es war, als würde man gegen eine Mauer anrennen.
Als ich das Kultusministerium verließ, stellte ich fest, daß die Vorliebe der Nicaraguaner für Akronyme, mit denen sie ihre Ministerien bezeichnen, in diesem Fall eine leider an Orwell erinnernde Wortbildung gezeitigt hatte. Cardenal, Leiter von MINICULT. Deprimiert ging ich nach Hause.

Ich traf mich zum Mittagessen mit einem Redakteur der regierungseigenen Zeitung *Barricada*. Er war in der Chefredaktion tätig; ich weiß nicht mehr, wie er hieß, aber vielleicht ist das auch gut so, denn er machte die beklemmendste Bemerkung, die ich in Nicaragua zu hören bekommen sollte. Wir hatten eine Meinungsverschiedenheit über Zensur im allgemeinen und das kürzlich erfolgte Verbot von *La Prensa* im besonderen. Zunächst schien er ein überzeugter Gegner jeglicher Zensur zu sein – »natürlich bin auch ich als Journalist dagegen« –, aber dann sagte er folgendes: »Ein Arbeiter, mit dem ich neulich sprach, drückte den Sachverhalt sehr treffend aus. Wenn eine Mutter ein krankes Kind hat, ein schwerkrankes Kind, dann bringt sie es ins Krankenhaus, ohne sich vorher zu schminken.«

Meine Niedergeschlagenheit verstärkte sich. Bedrückt fragte ich: »Einrichtungen wie die Pressefreiheit sind also nichts weiter als Kosmetik?«

Sein Gesicht strahlte, und er nickte begeistert. »Kosmetik, das ist das richtige Wort. Genau.«

»In Kriegszeiten wird überall die Presse zensiert.« Das war der offizielle Tenor zu diesem Thema; das bekam ich von meinem anonymen Bekannten von der *Barricada* zu hören, von Daniel Ortega und von allen und jedem. Aber damit konnte ich mich nicht zufriedengeben. Ich erinnerte mich an meine Zeit in Pakistan im Jahre 1965, während des Krieges mit Indien, wie es war, wenn man Nachrichten vorgesetzt bekam, bei denen nur eines sicher war, daß sie nämlich gänzlich und absichtlich in die Irre führten. Ich

erinnerte mich, wie man damals gelernt hatte, die pakistanischen Meldungen über abgeschossene indische Flugzeuge durch zehn zu dividieren und die Anzahl der eingestandenen eigenen Verluste mit demselben Faktor zu multiplizieren. Dann begannen die Zahlen sich einander anzunähern, und man fing an zu glauben, einen Zipfel der Wahrheit erhascht zu haben. Ich erinnerte mich auch an meine Empörung über die Manipulation der Nachrichtenmedien durch die britische Regierung während des Falkland/Malvinen-Krieges. Was ich dort nicht hatte hinnehmen können, konnte ich auch hier nicht hinnehmen.
Die Frage der Pressefreiheit war das einzige Thema, über das ich völlig anderer Meinung war als die Sandinisten. Es wollte mir nicht in den Kopf gehen, daß eine Regierungsmannschaft von Schriftstellern zu lauter Zensoren geworden sein sollte. Hauptsächlich um dieser Frage willen spielte sich während meines ganzen Aufenthalts in meinem Kopf eine Art stummen Streits ab. Ich hielt mir vor Augen, daß hier mit bescheidensten Möglichkeiten und unter großem Druck Beachtliches in Angriff genommen wurde. Die Agrarreform und die Gesundheits- und Alphabetisierungsprogramme, die 1980 und 1981, vor der US-Aggression, durchgeführt worden waren, hatten gezeigt, was man erreichen konnte. Dank der Alphabetisierungskampagne zum Beispiel war der Prozentsatz von Analphabeten innerhalb von zwei Jahren von über fünfzig auf weniger als zwanzig Prozent gesenkt worden. Aber inzwischen war durch die Konzentration aller Kräfte auf den Krieg die Kampagne nicht richtig weiterverfolgt worden, so daß der Analphabetismus sich wieder ausbreitete wie ein Dschun-

gel, der eine vernachlässigte Lichtung zurückerobert ...
Dann wiederum hielt ich dem entgegen: Solche Kampagnen in allen Ehren, aber die Meinungsfreiheit gilt hier als Kosmetik. Und *Barricada* ist das übelste Blatt, das ich seit langem zu sehen bekommen habe.
Die Diskussion endete gewöhnlich mit der Einsicht, daß Nicaragua ein unvollkommener Staat war. Aber es war auch ein Staat, der in einer echten Revolution begriffen war: ein Staat, der die Gesellschaftsordnung dahingehend verändern wollte, daß alle Staatsbürger menschenwürdiger leben konnten. Und die Unvollkommenheit, auch das schwerwiegende Übel der Zensur, war keine Rechtfertigung dafür, daß eine Supermacht diesen Staat militärisch und ökonomisch zermalmen wollte.

Mario Vargas Llosa befand sich nicht in Nicaragua, aber in der Einsamkeit meines Hotelzimmers pflegte ich Streitgespräche mit ihm zu führen. Er hatte oft und klug über die Notwendigkeit geschrieben und gesprochen, demokratische Entwicklungen in Lateinamerika zu unterstützen; immer wieder hatte er betont, daß dies der einzige Weg sei, den Zyklus von Diktaturen und Revolutionen zu durchbrechen. Sein Eintreten für rechtsgerichtete Parteien und Regierungen in seinem Heimatland Peru hatte er mit den Worten gerechtfertigt, Stimmzettel seien ihm lieber als Schießprügel und eine unzulängliche Demokratie sei ihm immer noch unvergleichlich viel lieber als gar keine.
Peru war eine unzulängliche Demokratie mit Schlagseite nach rechts, Nicaragua war eine unzulängliche Demokratie mit Schlagseite nach links. Wenn Vargas Llosa wirklich die

Demokratie wollte, dann wäre Nicaragua, seinen eigenen Prinzipien zufolge, genau die Art von Staat, die er unterstützen und für deren Weiterentwicklung er sich einsetzen müßte.
In der Einsamkeit meines Hotelzimmers fragte ich mich, warum er das nicht tat.

5 Estelí

Am 19. Juli, dem Unabhängigkeitstag, der zum siebten Mal gefeiert werden sollte, machte ich mich um fünf Uhr morgens auf den Weg zu Daniel Ortega und seiner Frau, der Lyrikerin Rosario Murillo. Nachdem ich die üblichen Mauern und Wachen passiert hatte, gelangte ich zu einem weitläufigen Bungalow, dessen zahlreiche Veranden mit geschnitzten Holzschaukelstühlen möbliert waren. Die Einrichtung bezeugte Rosario Murillos Liebe zum Kunsthandwerk ihrer Heimat: grellbunt bemalte Mobiles aus Holztieren, die an den Balken schaukelten, Keramik mit präkolumbianischen Motiven und Kissenbezüge aus geschmeidiger Baumrinde. Das Haus verriet wenig über Comandante Daniel, für den die Zurückhaltung offenbar zur zweiten Natur geworden war (oder war sie es schon immer gewesen?). Im ganzen Haus stolperte man über Kinderspielzeug und die dazugehörigen Kinder. An kleinen Ortegas bestand kein Mangel; viele von ihnen trugen »Master of the Universe«-T-Shirts, auf denen der ewige Kampf zwischen He-Man und Skeleton tobte – ein weiterer Hinweis auf die Allgegenwart der US-Kultur.
Die sandinistischen Führer versammelten sich. In diesem Jahr war Estelí, die Stadt im Norden, die vierzig Kilometer von der Grenze nach Honduras entfernt lag und immer loyal die Befreiungsfront unterstützt hatte, als wichtigster Schauplatz der Festlichkeiten – der Acta – ausersehen. (Der Bischof von Estelí war auch das zugänglichste

Mitglied der nicaraguanischen Amtskirche.) Die Entscheidung, die Acta in Estelí abzuhalten, war ein demonstrativer Schritt, und alle vermuteten, daß die Contras nichts unversucht lassen würden, um den Feiertag zu verderben. »Wir werden ihnen zeigen, daß wir unsere Grenzen verteidigen können«, sagte Daniel Ortega.
Vier der neun FSLN-Kommandanten blieben vernünftigerweise ebenso wie Sergio Ramírez in Managua. Wir fuhren los, eskortiert von den Sicherheitsbeamten mit den inzwischen vertrauten orangefarbenen Gummihandschuhen. Ich stellte mir vor, wie scheußlich heiß und klebrig die Hände sich dann im Verlauf des Tages anfühlen mußten.
Die Nicaraguaner wußten, was erwartet wurde, wenn die Gummihandschuhe auftauchten: sie machten, daß sie aus dem Weg kamen. Wir fuhren nach Norden. Daniel Ortega fuhr seinen eigenen schwarzen Landcruiser, ich folgte mit Rosario Murillo und zweien der neun Direktoriumsmitglieder, dem Landwirtschaftsminister Jaime Wheelock und dem politischen Leiter der FSLN, Bayardo Arce, im Auto des Comandante Arce. Arce machte einen ungeduldigen Eindruck, als wir gemächlich dahinrollten (er gilt als Geschwindigkeitsfanatiker). Von den Bäumen am Straßenrand baumelten Ronald-Reagan-Vogelscheuchen.
Wir überquerten die Brücke bei Sébaco, und Arce, der auf einer riesigen Zigarre kaute, sagte geistesabwesend: »Heute wäre ein günstiger Tag für die *contra-revolución*, um eine Brücke zu sprengen.«
»Hm«, stimmte ich zu und versuchte, meine Stimme fest und furchtlos klingen zu lassen. Am Straßenrand standen Bauernmilizionäre in Overalls, die mit Kalaschnikows be-

waffnet waren. »Wir haben heute die Milizen als Sicherheitskräfte eingesetzt«, sagte Arce. »Sie können sich denken, daß wir die Truppen nicht von der Grenze abziehen konnten.«

»Hm«, sagte ich wieder. In Sébaco wurde offensichtlich im Rotkreuzlazarett Bingo gespielt. Dort gab es wohl nicht besonders viel zu tun, war meine hoffnungsvolle Erklärung dafür.

»Die Sicherheitsvorkehrungen machen einen überzeugenden Eindruck«, murmelte ich. Jaime Wheelock verzog sein gutmütiges Babygesicht. »Es gibt viele Straßen«, sagte er, »und wir können nicht garantieren, daß alle sicher sind.«

»Oh«, sagte ich, »ah ja.«

Wheelock befürchtete, die Contras würden an kleineren Gebirgsstraßen im Hinterhalt liegen, um den *campesinos* aufzulauern, die sich auf dem Weg nach Estelí befanden. Viele ländliche Gemeinden waren deshalb aufgefordert worden, auf den Stadtbesuch zu verzichten. »Wir wollen das Ganze so lokal wie möglich halten«, sagte Wheelock. »Es ist gewissermaßen eine Reverenz vor den Bewohnern von Estelí, die sehr große Opfer gebracht haben.«

Die Berge rückten immer näher. Wir durchfuhren ein intensiv bewirtschaftetes Tal, und unvermittelt kam Wheelock auf sein Lieblingsthema zu sprechen: die Agrarreform. Es war erstaunlich, wie sein pausbäckiges Kindergesicht vor Begeisterung aufleuchtete, sobald das Gespräch sich um Schweine, Kaffee oder Reis drehte. In diesem Tal, so erklärte er, funktioniere die gemischte Wirtschaftsform perfekt. Da drüben befinde sich ein großes Gut in Privatbesitz, daneben seien ein paar Kleinbauern mit eigenem

Land und dort Gutshöfe in Staatsbesitz. Der Staat komme den Privatunternehmern mit Expertenwissen und Maschinen zu Hilfe und stelle zur Haupterntezeit sogar Arbeitskräfte zur Verfügung.

»Unter Somozas Herrschaft wurden die *campesinos* als Wanderarbeiter zwangsverpflichtet, nicht wahr?« fragte ich. »Wie kommt es dann, daß sie sich jetzt so bereitwillig als Wanderarbeiter für die Revolution einspannen lassen?«

»Wir zwingen sie nicht dazu«, sagte Arce an seiner Zigarre im Mundwinkel vorbei. »Man muß die Leute mit politischen Argumenten überzeugen.«

Wheelock sagte: »Wir haben ihnen Grund und Boden gegeben. Jetzt haben sie eigenes Land und damit eine Grundlage. Und die Erntezeiten fallen nicht immer zusammen, so daß sie ihre ertragslosen Zeiten gewinnbringend nutzen können.«

»Es wundert mich trotzdem, daß sie sich so bereitwillig als Wanderarbeiter verdingen«, sagte ich.

Wheelock lächelte zufrieden. »Das kommt daher, daß sie jetzt großes Vertrauen in die Revolution setzen.«

Oh, die Schönheit der Berglandschaft um Estelí. In verzerrten, unwahrscheinlichen Formen, Formen »voller Bizarrerie«, wie es die alte Tabakkarte ausgedrückt hatte, strebten die Berge empor. Auf der Plaza, die sie wie schützende Arme umschlossen, hatten sich sechzig- bis siebzigtausend Menschen versammelt. Transparente wehten in der Luft: »Alle Macht dem Volk«. Und während wir darauf warteten, daß die Acta begann, tönte aus den Laut-

sprechern Rockmusik der fünfziger Jahre. Estelí tanzte zu »Rock around the clock«.
Währenddessen hörte die sandinistische Führung in einem Aufenthaltsraum unter der Hauptbühne Nachrichten von der Front. Über den Kurzwellensender erfuhren wir, daß man zwei größere Contra-Verbände geortet hatte, die auf nicaraguanisches Gebiet eingedrungen waren. Ortega, Arce, Wheelock und die übrigen traten hinaus, um die Menge zu begrüßen.
Daniel Ortega ist kein rednerisches Naturtalent, aber nach Ansicht verschiedener Gewährsmänner hatten seine rhetorischen Leistungen sich gegenüber früher deutlich verbessert. »Sie hätten ihn letztes Jahr hören sollen«, flüsterte ein Parteifunktionär mir zu. »Au weh!«
Ich fand, daß er sich einfach und gut ausdrückte, nur manchmal etwas geschraubt, wenn er rhetorisch wurde. Er erklärte – nicht zum erstenmal –, daß Reagan »schlimmer als Hitler« sei, und das war schlicht und einfach Blödsinn. Aber es war sehr eindrucksvoll, als er die Lehrer, Ärzte, freiwilligen Helfer und *campesinos* nannte, die im letzten Jahr umgekommen waren, und nach jeder Aufzählung mit ausgebreiteten Armen das Volk fragte: »*¿Quién es culpable?*« (Wer ist schuldig?), und alle wie aus einem Mund zurückriefen: »Reagan«.
Dereinst, wenn in Nicaragua Frieden herrschen würde, sagte er, dann würde die Geschichte daran erinnern, daß diese Nation sich nicht damit abgefunden hatte, sich zermalmen zu lassen.
»*¡Patria libre!*«
»¡O MORIR!«

Am selben Abend kehrten wir nach Managua zurück und erfuhren, daß der Contra an diesem Tag kein einziger Überfall geglückt war. Keine Straßen waren vermint worden, keine *campesinos* waren überfallen und keine Brücken gesprengt worden. *Nada*. Im ehemaligen somozistischen Country Club feierte ganz Managua eine Party. Salsa- und Bossa-Nova-Klänge erfüllten den nächtlichen Himmel. Ich sah den Tanzenden zu und sagte mir, daß dies wohl kaum der geeignete Zeitpunkt für den *escritor hindú* sei, sich dadurch zu blamieren, daß er es mit solchen Könnern aufnehmen wollte.

Jemand berührte mich am Ellbogen. Ich drehte mich um. Hinter mir stand ein kleiner älterer Herr mit Spazierstock, der mir bedeutungsvoll zunickte. Er war Dichter, wie sich von selbst versteht. »Meine höchste Bewunderung«, sagte er zu mir, »gilt: Ihrem indischen Dichter Tagoré.«

Ich war sprachlos. Was machte der alte Rabindranath hier mit diesem Akzent auf seinem Schlußbuchstaben? »Ist er übersetzt worden?« fragte ich.

»Victoria Ocampo, die berühmte argentinische Verlegerin und Intellektuelle, verliebte sich in sein Werk und in ihn«, erhielt ich zur Antwort. »Allerdings bin ich mir nicht sicher, ob es zu einer *affaire* kam. Ich glaube nicht. Aber Victoria Ocampo setzte alles daran, daß Lateinamerika diesen großartigen Schriftsteller entdeckte, und sie sorgte dafür, daß viele hervorragende Übersetzungen veröffentlicht wurden.«

»Dann wird Tagore in Lateinamerika fleißiger gelesen als in Indien«, sagte ich. »In Indien sind die Übersetzungen oft miserabel.«

»Tagoré«, verbesserte er mich. »Ich bewundere das Geistige an ihm und auch seinen Realismus.«
»Viele Leute halten Lateinamerika für das Ursprungsland des Antirealistischen«, sagte ich. Er blickte mich empört an. »Phantastische Literatur?« rief er. »O nein, so etwas darf man nicht schreiben. Das ist das Schlimmste von allem. Nehmen Sie sich ein Beispiel an Ihrem großen Meister Tagoré: Realismus und noch einmal Realismus, das ist das einzig Wahre.«
Ich sah zu, daß ich dem strengen Schatten des großen Rabindranath entkam, und setzte mich zu Rosario Murillo und Hugo Torres, dem Beauftragten für politische Bildung (und natürlich Lyriker). An ihrem Tisch befanden sich auch Susan Meiselas, eine amerikanische Fotografin, deren Arbeiten über El Salvador und Nicaragua ich seit langem bewunderte, sowie der amerikanische Filmproduzent Burt Schneider. Als ich mich zu ihnen gesellte, fragte Rosario gerade, wie das Volk in den USA gutheißen könne, was seine Regierung diesem winzigen Land antue.
»Sie dürfen nicht übersehen, daß Nicaragua für die Amerikaner nichts Reales ist«, sagte Burt, ein grobknochiger großer Mann mit langen Armen und weitausholenden Gesten. »Für die ist das nur Fernsehunterhaltung, weiter nichts.« Dann erklärte er, daß seiner Meinung nach die USA keine Invasion in Nicaragua riskieren würden, weil ihnen Vietnam noch in den Knochen stecke. Susan Meiselas sagte, sie könne seinen Optimismus nicht teilen, und mir ging es ähnlich wie ihr: Ich hatte den Eindruck, daß die Lehre, die ein neokonservatives Amerika aus Vietnam gezogen hatte, darin bestand, daß es ein Fehler gewesen war,

sich damals zurückzuziehen, statt die Sache bis zum bitteren Ende durchzufechten.

»Das Problem mit euch, Rosario«, rief Schneider, »ist, daß niemand weiß, ob ihr jetzt Kommunisten seid oder nicht. Verdammt, ich weiß es selber nicht. Was meinst du, Susan?« Er lehnte sich verschwörerisch über den Tisch. »Findest du, daß sie wie eine Rote aussieht?« Schneider kannte Rosario seit Jahren, und sie und Torres lächelten pflichtschuldig, aber der Witz war kein großer Lacherfolg.

Im Hintergrund wurden die neun *comandantes de la revolución* fotografiert. Es war das einzige Mal, daß ich sie alle zusammen auftreten sah, und zum ersten und einzigen Mal sah ich auch Tomás Borge, einen Gnom mit einer riesigen Zigarre.

»Schaut sie euch an«, sagte Burt liebevoll. »Das reinste Klassenfoto, was? Ist es nicht eine Auszeichnung, heute hier dabeisein zu dürfen?«

»Ja«, sagte ich, »das ist es.« Alles Gute zum Geburtstag, Nicaragua. Ich trank auf seine Gesundheit mit dem besten Rum der Welt, Flor de Caña Extra Seco. Mit Coca-Cola gemischt heißt das Getränk Nica Libre, und nach ein paar Gläsern war ich bereit, es mit den Salsa-Champions aufzunehmen und nichts von ihnen übrigzulassen. Ich ging nach draußen, um zu tanzen.

6 Das Wort

In Santa Maria de los Angeles, der achteckig angelegten Kirche im Riguero-Viertel von Managua, stand Pater Uriel Molina in vollem Ornat vor den versammelten Gläubigen, während hinter seinem Rücken eine Popgruppe agierte. Die moderne Kirche erinnerte an ein Tipi aus Eisenträgern; die Wände waren mit grellbunten Fresken bemalt; Sandino, der seinen Hut auch in der Kirche nicht abgenommen hatte, und Carlos Fonseca mit Ziegenbärtchen und Brille, der wie auf allen Abbildungen wie ein Heiliger nach oben und in die Zukunft schaute, waren beide auf den Wänden vertreten, aber diesmal in bescheidener Position; die Hauptrolle überließen sie respektvoll Christus und seinen Engeln.
(Die charakteristische Fonseca-Pose war zweifellos von den klassischen Lenindarstellungen entlehnt, auf denen er stets mit vorgerecktem Bart zu sehen ist, immer in derselben Haltung. Plötzlich fiel mir auf, daß ich in dieser vermeintlichen Brutstätte des Marxismus-Leninismus bisher noch nichts gesehen hatte, was einem Leninbild so ähnlich war wie diese Fonseca-Abbildungen. Zu guter Letzt sollte ich dann doch noch sowohl Wladimir Iljitsch als auch den alten Marx höchstpersönlich zu sehen bekommen: Ihre Porträts flankierten einen eher nachdenklich dreinblickenden Sandino in der Zentrale der größten Gewerkschaft, der CST (Central Sandinista de Trabajadores). Verglichen mit beispielsweise Kerala, wo auf jeder zweiten Wand Graffiti

mit einem Malajalam sprechenden Lenin sprießen und wo man Lastwagen mit dem Namen STALIN JOSÉ begegnen kann, war es mit der kommunistischen Propaganda in Nicaragua nicht weit her.)

Ich war in dieses ärmliche Viertel hinausgefahren, dessen Bewohner bei den Aufständen eine führende Rolle gespielt hatten, um die Misa Campesina mitzuerleben, die bäuerliche Meßfeier, die Ernesto Cardenal und Carlos Mejía Godoy, den Paul McCartney zu Recht um seine mitreißenden Melodien beneiden könnte, ins Leben gerufen hatten. Die Misa Campesina war eines der beeindruckendsten Zeugnisse der Theologie der Befreiung, die in Nicaragua liturgische Wechselgesänge wie »Zwischen Kirche und Revolution / gibt es keinen Widerspruch« in den Gottesdienst eingeführt hat. Und außerdem hatte ich Pater Molina kennenlernen wollen, eine Galionsfigur der Befreiungstheologie, der Luis Carrión stark beeinflußt hatte und der Begründer des ökumenischen Centro Valdivieso war, wo die Leitgedanken der nicaraguanischen Volkskirche ausgearbeitet wurden. Der ausgewiesene Bischof Vega hatte die Mitarbeiter des Centro Valdivieso als abgefeimte Lügner bezeichnet. »Das Problem besteht darin, daß sie als Marxisten vorgehen. Für einen Marxisten [...] ist es statthaft, Lügen zu benutzen, wenn man damit die Ideologie besser verankern kann.« Und die amerikanische Journalistin Shirley Christian beschrieb Pater Molina in ihrem Buch *Nicaragua: Revolution in the Family* als eine Art Fernsehquizmoderator – einem Buch, das über fast alles und jedes im nachsomozistischen Nicaragua voller Gehässigkeit herzog (und unter anderem ein positives Bild von Leo

Salazar zeichnete, einem geflüchteten Offizier der Nationalgarde, der Somoza einen »wunderbaren Menschen« nannte).

Pater Molina war zweifellos eine auffällige Erscheinung; er hatte etwas vom Entertainer – ein Priester, dem das Mikrofon in der Hand eine Selbstverständlichkeit war. Er brachte eine mitreißende Flottheit in den Gottesdienst ein, die Frau Christian ganz offensichtlich empört hatte, mir als ungläubigem Heiden aber nicht übel gefiel.

Gitarren und Trommeln stimmten eine Melodie an, und der Vorsänger hob an zu singen:

> *Vos sois el Dios de los pobres,*
> *el Dios humano y sencillo ...*

> Du bist der Gott der Armen,
> ein menschlicher und einfacher Gott,
> der Gott, dessen Antlitz die Spuren
>   der Arbeit trägt,
> und deshalb wende ich mich an dich,
> so wie mein Volk,
> weil du der Gott der Arbeiter bist,
> der Christus der Tagelöhner.

Die Melodie der Misa Campesina ging in die Beine, die Texte waren ähnlich schlicht wie der eben zitierte. »Identifiziere dich mit uns, o Herr«, hieß es an einer Stelle, was mir in dieser Umkehrung ziemlich bezeichnend vorkam – schließlich gehörte es traditionellerweise zur Rolle der Gläubigen, sich mit ihrer Gottheit zu identifizieren –, »bezeuge uns deine Solidarität.« Der Gott der Armen mußte sich den Glauben der Menschen verdienen, indem er zu einem der Ihren wurde.

Der Bibeltext war ein Zitat aus dem Zweiten Buch Mose, und in seiner Predigt wob Pater Molina eine Metapher darum, in der das nicaraguanische Volk mit den Kindern Israels während der Zeit der ägyptischen Knechtschaft verglichen wurde. Somoza bekleidete die Rolle des Pharaos, und die FSLN wurde mit Moses gleichgesetzt, da sie ihr Volk durch das Rote Meer ins Gelobte Land führte, während hinter ihnen der Gott der Armen die Wasser über dem Haupt von Ramses-Tacho und seiner Nationalgarde zusammenschlagen ließ.

Die Vorstellung, daß ein Volk im eigenen Land und doch im Exil leben konnte, daß Nicaragua sowohl Ägypten als auch das Land war, wo Milch und Honig flossen, war einprägsam und wirkungsvoll. Aber mir fiel auf, daß Molina die Jahre des Herumirrens in der Wüste nicht ansprach, das Goldene Kalb nicht erwähnte.

Dem Gottesdienst wohnte eine Abordnung von Farmern aus dem mittleren Westen der USA bei. Diese Leute, die keine ausgemachten Freunde Reagans waren, wollten sich hier mit den einheimischen landwirtschaftlichen Methoden vertraut machen und raten und helfen, soweit es in ihrer Macht stand. An US-Bürgern herrschte kein Mangel in Nicaragua; im Jahr zuvor war eine Gruppe kalifornischer Rentner hergekommen, um bei der Kaffee-Ernte zu helfen, weil sie gehört hatten, daß den Bauern nicht genug Erntearbeiter zur Verfügung standen, da so viele Männer von der Armee eingezogen waren – entlang der honduranischen Grenze waren fünfzigtausend Mann stationiert. (Die Kalifornier hießen in Nicaragua die »Grauen Panther«.)

Um den anwesenden US-Farmern und den anderen *brigadistas* (den freiwilligen ausländischen Helfern) eine Freude zu machen, stimmte Molina nun das Lied »We shall overcome« an. Mir geht es wie vielen anderen unmusikalischen Menschen: Wenn ich solche altvertrauten Lieder höre, werde ich sentimental, und der Kloß in meiner Kehle muß als Alibi für die schmerzlich unmelodischen Töne herhalten, die aus meinem Mund erklingen. »Deep in my heart«, sang ich mit gellender Stimme, so daß die Kirchenfenster in Gefahr gerieten, »I do believe, we shall overcome some day«.

Einerlei ob uns das gelingen würde oder nicht, dachte ich, als ich den Gottesdienst verließ – denn an der Kommunion wollte ich nicht unbedingt teilnehmen –, an der Kraft und auch an der Popularität dieser neuen Ausprägung des christlichen Glaubens konnte man jedenfalls keinen Zweifel haben. Dies bestätigte, was mir schwedische Missionare erzählt hatten, ausländische Journalisten und Freunde aus Nicaragua, und was Dr. Conor Cruise O'Brien in einem Aufsatz in der Londoner *Times* for- muliert hatte: daß die Spaltung innerhalb der katholischen Kirche in Lateinamerika so tief geworden war, daß der Vatikan sich ernste Sorgen machen mußte. Die Möglichkeit einer zweiten Reformation, einer zweiten Loslösung von Rom schien plötzlich gar nicht so unwahrscheinlich.

Bei einem Besuch bei einem anderen eindrucksvollen Priester des Maryknoll-Ordens, Miguel d'Escoto, der heute Nicaraguas scharfsinniger und gelehrter Außenminister ist, wurde mir das ganze Ausmaß der Problematik deutlich vor Augen geführt. D'Escoto erinnerte mich an Friar Tuck – ein fröhlicher, dicker, überaus zäher Bursche. Er litt Folterqualen wegen eines Bandscheibenvorfalls, aber er nahm sich den ganzen Abend zusammen, obwohl er kaum aufrecht sitzen konnte. »Ich sehe den Abbruch diplomatischer Beziehungen mit den USA in naher Zukunft auf uns zukommen«, sagte er. »Und möglicherweise könnten die USA Honduras, Costa Rica und El Salvador dazu bringen, daß sie ebenfalls mit uns brechen. Die USA werden es nie schaffen, daß alle umliegenden Staaten sich für eine Invasion aussprechen; deshalb wollen sie offenbar eine kleine Gruppe zusammenbekommen, die sie dann auffordern kann, uns anzugreifen.« Aber, so betonte er, Nicaragua würde nie die diplomatischen Beziehungen von sich aus abbrechen. »Wir vertreten die Ansicht, daß ein Dialog unverzichtbar ist.« Wir saßen inmitten seiner Sammlung nicaraguanischer Kunst, die er gerne durch einen Mäzen in einem Museum untergebracht gesehen hätte, und tranken Eiswasser. Er hatte die Sammlung dem Staat angeboten, aber Daniel Ortega hatte gemeint, der Staat besitze ohnehin schon zu vieles und die Stücke sollten lieber von privater Seite übernommen werden.

Wir sahen in einen liebevoll gepflegten tropischen Garten hinaus – sein zweites Steckenpferd. »Ich habe es noch nie laut gesagt«, sagte d'Escoto, »aber allmählich bin ich davon

überzeugt, daß die Amerikaner einmarschieren werden. Die Invasion wird stattfinden.«
Ich stand noch ganz unter dem Eindruck der Misa Campesina, und so unterhielten wir uns über Kirche und Revolution, über den Kampf um das Wort Gottes. »Mit den Priestern haben wir eigentlich keine Schwierigkeiten«, sagte d'Escoto. »Die meisten stehen auf unserer Seite. Aber die kirchliche Hierarchie in Nicaragua war leider schon immer sehr reaktionär und mit der alten Oligarchie verfilzt. Die Jesuiten haben keinen Grund zur Klage.« Managuas jesuitische Hochschule wurde vom Staat großzügig unterstützt. Ich wollte wissen, wieso die Theologie der Befreiung innerhalb der Amtskirche so wenig Widerhall gefunden hatte. »In der nicaraguanischen Kirche gibt es genug Leute mit Verstand«, sagte d'Escoto, »genug Leute, die eigene Ideen haben. Aber diese Leute läßt Obando y Bravo nicht an sich heran. Der Kardinal hat Angst vor Leuten, die Verstand haben. Er schart Figuren um sich, deren intellektuelle Fähigkeiten gerade ausreichen, daß sie die Priesterweihe bewältigen können.« Und nach einer Pause: »Das Problem mit Obando ist, daß er seit der Revolution kein Buch gelesen hat; und vorher hat er es auch nicht getan.«

Susan Meiselas und Burt Schneider kamen dazu. In der Nachbarschaft war geschossen worden – vermutlich waren es alkoholisierte Milizionäre gewesen, die den siebten Jahrestag der Revolution noch ein bißchen feierten. Susan hatte den Schüssen nachgehen wollen und es dann doch nicht getan. D'Escoto konnte seine Überraschung nicht verhehlen. »Was ist das? Susan Meiselas will mir erzählen, sie hätte sich nicht hingetraut?« Während der Kämpfe hatte sie sich oft mitten im Gefecht befunden.

»Ich mußte schließlich auf Burt aufpassen«, sagte sie. »Wie man sieht, ist er ganz in Weiß dahergekommen.« Burt sah ein bißchen verlegen, aber nicht übermäßig zerknirscht aus.

Susan war erst vor kurzem von den Philippinen zurückgekehrt; voller Entzücken erzählte sie ein freches Wortspiel mit dem Namen der neuen philippinischen Präsidentin, das in einem Park geprägt worden war, der von Liebespaaren favorisiert wurde: »¿*Corazón, aqui, no?*« (In etwa: »Hier, mein Herz, nicht?«), oder, wenn man anders betonte: »¿*Corazón, aqui? – No!*« Susan Meiselas gefiel es offensichtlich in Nicaragua. »Dieses Land ist mein finanzieller Ruin«, sagte sie. »Ich habe eine Wohnung in New York, die ich bezahlen muß, dabei bin ich dauernd hier.« Vor einiger Zeit hatte sie einen Dokumentarfilm über die wohlhabenden Barrios gedreht, einen Familienclan, der – ähnlich wie die Journalistenfamilie Chamorro – durch die Revolution untereinander verfeindet war: Der Vater war ein patriarchalischer Revolutionsgegner, und alle seine Söhne waren Mitglieder der Befreiungsfront. (Beide Familien waren miteinander verschwägert: Violeta Chamorro, die Mitinhaberin von *La Prensa*, war eine geborene Barrios. Ganz Nicaragua kam einem oft wie ein einziges großes Dorf vor, weil man dauernd auf derartige Familienverbindungen stieß. Luis Carrións Onkel, um ein anderes Beispiel zu nennen, war Arturo Cruz, der vormalige Präsidentschaftskandidat der Opposition, der jetzt der maßgebliche Sprecher der Contra war.) Susan Meiselas schien Vorbehalte gegenüber einer Aufführung des Films in Nicaragua zu haben. »Er ist nicht für hier gemacht«, sagte sie. D'Escoto schilderte einen Dokumentarfilm, den er gedreht hatte und in dem Interviews mit wohlhabenden Nicaraguanerinnen, die sich über die Arbeitsscheu und die Farbfernseher der Armen mokierten, mit Aufnahmen von den Elendsquartieren und dem kärglichen Leben der real existierenden Armen unterschnitten waren. Susan nickte. Ihr Film war viel weniger polemisch und viel zwiespältiger als so eine Gegenüberstellung. Der alte Patriarch hatte sie fasziniert. »Ich wollte begreifen, wie es kam, daß er so denkt, wie er denkt, obwohl er all diese Dinge weiß.« Sie wußte, daß die Zwiespältigkeit ihres Films eine Haltung war, die bei manchen nicaraguanischen Zuschauern auf Unverständnis stoßen könnte. »Aber bei uns ist man nicht daran gewöhnt, daß ein Sachverhalt überhaupt nicht relativiert wird«, sagte sie. »Wenn man aus Nicaragua kommt, kann einem alles ganz einfach erscheinen, in richtiger Schwarzweißmalerei – aber so eine Sichtweise wäre bei uns nicht denkbar.«

D'Escoto schilderte den Besuch eines Emissärs des Weißen Hauses in Managua, den ich im folgenden »Rocky« nennen will. Während ihres Gesprächs, sagte er, habe er wiederholt darauf hingewiesen, daß er sicher sei, daß die Schwierigkeiten zwischen den USA und Nicaragua ohne weiteres beigelegt werden könnten, wenn beide Seiten tatsächlich guten Willens seien. »Ich sagte zu ihm: ›Uns ist klar, daß Sie in diesem Teil der Welt gewisse Sicherheitsgarantien brauchen. Kein Problem – darüber kann man sprechen. Wir sind pragmatische Leute; was wir wollen sind realistische Vereinbarungen mit den USA.‹«

Zu guter Letzt (erzählte d'Escoto weiter) nahm Rocky die Herausforderung an. Wenn man – nur als Hypothese – unterstellen wollte, daß dieser hypothetische gute Wille hypothetisch existierte, auf welcher Basis würde der Pater dann die Verhandlungen führen wollen?

»Wie wäre es«, sagte d'Escoto (das war vor dem Urteil des Internationalen Gerichtshofs in Den Haag), »wenn wir uns darauf einigen könnten, daß beide Staaten sich an das internationale Recht halten wollen? Das wäre doch eine gute Ausgangsbasis.«

»Das ist das Problem mit Ihnen, Pater«, sagte Rocky daraufhin zu ihm. »Sie sind ein Philosoph. Sie wollen den Tatsachen nicht ins Auge sehen.«

Und wie sahen die Tatsachen aus? D'Escoto, ein ausgezeichneter Erzähler, spielte uns Rockys Antwort vor. »Diese Contras an Ihren Grenzen, Pater, die machen Ihnen doch eine Menge Ärger, nicht wahr?« Ja, hatte d'Escoto erwidert, aber das würde sofort ein Ende haben, wenn die USA sie nicht mehr finanzierten. »Sehen Sie, Pater, da haben wir es schon wieder«, sagte Rocky. »Schon wieder Philosophie. Sie sind unverbesserlich. Tatsache ist, daß man diese Leute finanziert hat, finanziert und auch in Zukunft finanzieren wird. Und sie machen Ihnen jede Menge Ärger. *Das* sind die Tatsachen.« Dann sagte er, Pater Miguel sehe nicht aus, als sei er dumm. »Und Leute,

die nicht dumm sind, wollen keinen Ärger. Und Sie haben Ärger.«
Was er denn vorzuschlagen habe, fragte d'Escoto. »Ganz einfach«, lautete die Antwort. »Tun Sie das, was wir Ihnen sagen. Tun Sie das, was wir sagen, und Sie werden sehen, daß der Ärger sofort aufhört. Von heute auf morgen. Wie von selbst. Löst sich einfach in Luft auf. Sie werden sich wundern. *Tun Sie nur, was wir sagen.*«

Eine gut erzählte, makabre Geschichte; und da keine Möglichkeit bestand, sie sich von irgend jemandem bestätigen zu lassen, blieb es jedem überlassen, sie zu glauben oder nicht. »Das wirklich Erstaunliche daran«, sagte Pater Miguel, »war die Grobschlächtigkeit, mit der er vorging.« Für jemanden, der im theologischen wie im diplomatischen Disput so geübt war wie d'Escoto, mußte die Grobheit, das unverhüllt gangsterhafte Auftreten des Amerikaners fast noch beleidigender gewesen sein als der Inhalt des Gesprächs. »*Sie sind unverbesserlich, Pater*«, sagte d'Escoto und lachte, »*schon wieder Philosophie.*«
Wenn der Kampf zwischen der kirchlichen Hierarchie und den Priestern als Kampf um das Wort bezeichnet werden konnte, so dachte ich mir, dann zeigte diese Anekdote eine parallele, säkulare Auseinandersetzung zwischen zwei Arten von Diskurs, die beide darum kämpften, sich durchzusetzen. Im späteren Verlauf des Abends sollten wir uns mit einer dritten Variante der Auseinandersetzung konfrontiert sehen: Wieder einmal ging es um die Pressefreiheit, den anderen unvermeidlichen Krieg der Worte.

Der gegenwärtige US-Botschafter in Managua, Harry Berghold, sei ganz in Ordnung, sagte d'Escoto. Er war entsandt worden, weil er als Experte auf dem Gebiet des Marxismus-Leninismus galt (vorher hatte er in Ungarn Dienst getan). »Das Dumme ist nur, daß er jetzt sagt, er könne hier keinen Marxismus-Leninismus entdecken.« Armer Berghold, dessen Nicaragua-Berichte auf dem Schreibtisch des zuständigen Beamten in Washington landeten, ohne von denjenigen gelesen zu werden, die die Politik machten. Von Zeit zu Zeit wurde er in die Hauptstadt der Vereinigten Staaten beordert, um Vorträge über den Marxismus-Leninismus zu halten. »Aber bei diesen Veranstaltungen fragt man ihn nie etwas über Nicaragua. Der arme Kerl.«

An diesem Punkt machte Burt Schneider, der augenscheinlich kurz vor dem Platzen stand, seinem Herzen Luft und äußerte lautstarken Protest gegen das Verbot von *La Prensa*. »Ein idiotischer Fehler«, sagte er. »Es entwertet das Urteil von Den Haag, und es nimmt mir jede Möglichkeit zu argumentieren. Wenn jetzt Leute in den Vereinigten Staaten zu mir sagen, daß die Sandinisten undemokratisch seien, kann ich nichts erwidern.«

D'Escoto speiste uns mit dem ab, was die Parteilinie vorgab: Alle Länder hätten das Recht, in Kriegszeiten die Presse zu zensieren; *La Prensa* würde von der CIA finanziert; es sei Teil der US-Strategie, eine Art fünfte Kolonne zu schaffen, so, wie sie es während der Destabilisierungskampagne gegen die Allende-Regierung in Chile mit der Zeitung *Mercorio* gemacht hatten. Aber zweimal schien er sich von dieser Entscheidung zu distanzieren: das erstemal, als er beiläufig erwähnte, daß er zum Zeitpunkt des Beschlusses nicht in Nicaragua gewesen sei, so daß er der entscheidenden Kabinettssitzung nicht beigewohnt habe, das zweitemal, als die Wogen der Diskussion (besser gesagt, die von Burts Erregung) hochschlugen. »Diese Diskussion«, sagte Pater Miguel, »erinnert mich an die Kabinettssitzungen. So geht es da auch immer zu.«

Aber, sagte er, wenngleich die Regierung daran interessiert war, im Ausland eine positive Presse zu haben, und ihren liberalen Befürwortern keine Steine in den Weg legen wollte, mußten bestimmte Entscheidungen in Hinsicht auf die nationale Sicherheit getroffen werden, und daran gab es nichts zu rütteln. »Wenn Sie darüber diskutieren wollen, was demokratisch ist und was nicht, dann weisen Sie auf das Urteil von Den Haag hin. Dieses Urteil zeigt eindeutig, wer legal handelt und wer nicht. Dieser Schiedsspruch gibt Ihnen ein unschlagbares Argument in die Hand. Nutzen Sie es.«

Susan Meiselas und ich stimmten im wesentlichen mit Burts Ansicht überein. Wir sagten, daß uns das Ganze wie eine nach unten führende Spirale vorkomme: Zuerst genehmigen die USA die Hilfsgelder für die Contra, daraufhin verbietet die FSLN *La Prensa*, so daß die *New York Times* sie als Stalinisten bezeichnet, woraufhin Nicaragua ein paar Priester ausweist... Man kam sich vor wie in einem Flugzeug, das abzutrudeln begonnen hatte, und mit jeder Umdrehung kam die unvermeidliche Katastrophe – die Invasion durch die USA – ein Stück näher. »Sie sollten sich aus diesem Teufelskreis befreien«, sagte Susan. »Sie sollten flexibler reagieren.«

Ich sprach eine andere Befürchtung aus. »Ich habe in Pakistan gelebt, einem Land, wo die Presse von einem rechtsgerichteten Militärregime zensiert wird. Und ich muß gestehen, daß die Zeitungen dort besser sind als hier. Aber was mir vor allem Sorgen macht, ist das Verführerische an der Zensur. Sie ist so viel bequemer als eine liberale Presse. Und deshalb finde ich es beunruhigend, daß Sie *La Prensa* verbieten, egal, welche Gründe Sie im Augenblick dafür haben mögen. Was mich dabei beunruhigt, ist nicht der heutige Zustand, sondern das, was möglicherweise aus dem Land wird, wenn solche Praktiken weiterhin ausgeübt werden.«
Pater Miguel hatte wieder die Sichtblende heruntergelassen. »Das sind lediglich Ausnahmeregelungen. Zu Friedenszeiten wäre es anders.«

Vielleicht, dachte ich, als ich das Haus Miguel d'Escotos verließ, lief letzten Endes alles auf die Frage hinaus: Was hielt ich für die wahre Persönlichkeit dieser Leute hinter all den öffentlichen Ämtern und der militärischen Tarnkleidung? Pater Miguel, Sergio Ramírez, Daniel Ortega: lauter künftige Diktatoren?
Nein, antwortete ich mir. Nein und nochmals nein. Bei ihnen allen war mir aufgefallen, wie integer und gleichzeitig pragmatisch sie waren und wie erstaunlich wenige Ressentiments sie ihren vergangenen und gegenwärtigen Widersachern gegenüber hegten. Es waren revolutionäre Nationalisten, ein Menschenschlag, der zu anderen Zeiten in den Vereinigten Staaten nicht im schlechtesten Ansehen gestanden hatte, die selbst die Frucht einer noch nicht

einmal besonders lange zurückliegenden Revolution waren.

Zum erstenmal in meinem Leben, so wurde mir zu meiner eigenen Überraschung bewußt, war ich auf eine Regierung gestoßen, die ich unterstützen konnte – und nicht etwa *faute de mieux*, sondern weil ich wollte, daß ihren Bestrebungen (zu überleben, die Nation wiederaufzubauen und zu verwandeln) Erfolg beschieden sein werde. Es war eine verblüffende Erkenntnis. Mein Leben lang war ich ein oppositioneller Schriftsteller gewesen, und mein Bild von der Rolle des Schriftstellers war von der Vorstellung geprägt, daß der Antagonismus zum Staat notwendig zu dieser seiner Rolle gehöre. Daß ich auf der Seite derer stehen sollte, die an der Macht waren, erfüllte mich mit Befremden, aber ich konnte es nicht abstreiten: Wäre ich ein nicaraguanischer Schriftsteller gewesen, hätte ich mich genötigt gefühlt, mich hinter die FSLN zu stellen und sie zu unterstützen.

Ich war nach wie vor davon überzeugt, daß die Zensurpolitik der FSLN eine falsche und gefährliche Entscheidung war. Als Omar Cabezas, Leiter der Grundsatzabteilung im Innenministerium, eine spitzbuben- und piratenhafte Erscheinung, dem New Yorker PEN-Kongreß das vorsetzte, was die Parteilinie vorgab – daß die Zensur aufgehoben würde, sobald die US-Aggression ein Ende hätte –, hörte ich einen Journalisten leise sagen: »Das kann noch eine nette Weile dauern.« Und als seine Ansprache zu Ende war, rief nicht etwa ein amerikanischer, sondern ein osteuropäischer Schriftsteller in den Saal: »Das war die Rede eines Polizisten.« Die FSLN

wäre gut beraten, sich solchen Protest zu Herzen zu nehmen.
Aber Protest gegen die Politik einer Regierung war nicht gleichbedeutend mit Protest gegen diese Regierung als Ganzes. Jedenfalls nicht für mich, nicht dieser Regierung gegenüber; jetzt noch nicht.

7 Liebeseier

Omar Cabezas' Buch, dessen englischer Titel *Fire from the Mountain* lautet, hatte ich auf dem Flug von London nach Managua zum erstenmal gelesen. (Der spanische Titel ist zwar umständlicher, aber viel bildhafter; wörtlich übersetzt bedeutet er: »Die Berge sind mehr als eine große grüne Masse.«) Nun, auf dem Weg nach Matagalpa, in die Berge, über die er geschrieben hatte, blätterte ich wieder in seinem Buch. Selbst auf Englisch und ohne den »Nica«-Slang, der das Buch zum größten Bestseller im neuen Nicaragua gemacht hatte (an die siebzigtausend Exemplare waren verkauft worden), war es eine vergnügliche und anschauliche Lektüre. Es schilderte, wie »Skinny« Cabezas zur FSLN gekommen war, in León für die Frente gearbeitet hatte und dann in die Berge gegangen und einer der ersten Guerillas geworden war. Das Buch vermittelte einen Eindruck von den unvorstellbaren Schwierigkeiten des Lebens im Bergdschungel, mit Schlamm, Nässe und Krankheiten (obgleich einer seiner Bewunderer, ein junger nicaraguanischer Soldat, fand, er habe die Beschwerlichkeiten heruntergespielt, indem er zu scherzhaft darüber schrieb). Aber für Cabezas waren die Berge mehr als eine große unangenehme Masse. Für ihn waren sie eine mythische, archetypische Urgewalt geworden, die Berge, wo zur Zeit Somozas die Hoffnung gewesen war. In die Berge waren die Guerillas der Frente gegangen; sie waren der Ursprung, von dem eines Tages die

Revolution ausgehen würde, und so war es dann auch gekommen.

Wenn heute die Contras von den Bergen ausschwärmten, um die *campesinos* zu terrorisieren, mußte das wie eine Anmaßung wirken – wie die Entweihung eines Schreins.

Aufgeforstete Tafelberge säumten links und rechts die Straße; vor uns ragten die vielgestaltigen Berge empor – konische, gekrümmte, verzerrte Formen –, und man sah kaum mehr etwas vom Horizont. Vieh und Hunde teilten mit den Autos die Straße und weigerten sich, die Vorherrschaft des Automobils anzuerkennen. Nur wenn sich ein Lastwagen näherte, machte alles, daß es schleunigst aus dem Weg kam.

Am Straßenrand hohe Kakteen. Frauen in Overalls trugen Gewehre auf den Schultern, die sie am Lauf festhielten. Klumpiges Moos hing von den Bäumen und sogar von den Telefonleitungen. Kinder schoben hölzerne Schubkarren, mit Holz vollgepackt, vor sich her. Und als wir uns Matagalpa näherten, begegneten wir einer düsteren Prozession, die einem bedrückend kleinen Sarg folgte: ein Kinderbegräbnis. In den kommenden zwei Tagen sollte ich drei solcher Leichenzüge erleben.

Es hatte angefangen zu regnen.

Ich war froh, aus Managua herauszukommen. Matagalpa war mit den Plätzen, die von den Kirchen beherrscht waren, und dem Stadtzentrum eine richtige Stadt. Es war, als kehrte man zur Normalität zurück, nur daß der Normalität hier etwas Gewalttätiges und Ungewohntes anhaftete. An allen Gebäuden waren Einschußlöcher aus der Zeit des Aufstands zu sehen, und das Stadtbild wurde von einem hohen, häßlichen Turm bestimmt, der das einzige Überbleibsel der verhaßten Kommandozentrale der Nationalgarde war. Nach der Revolution hatte das Volk diese gefürchtete Schanze der Guardia zerstört.

Der Eisverkäufer hatte kein Eis. Im Spielzeugladen war die Armut nicht zu übersehen; die besten Spielsachen waren primitive »Autos« aus zusammengenagelten und bemalten Holzstückchen, mit Coca-Cola-Kronkorken als Radkappen. Interessanterweise gab es eine Anzahl von Gemischtwarenläden, die »Ägypterläden« hießen und sich mit Namen wie »Armando Mustafa« oder »Manolo Saleh« schmücken konnten; in diesen Läden wurden Kurzwaren, Kleider, Toilettenwaren und verschiedene Haushaltsartikel feilgeboten – Haarwaschmittel Eimer, Sicherheitsnadeln, Spiegel, Bälle. Ich mußte an die Türkenstraße in *Hundert Jahre Einsamkeit* denken. In Matagalpa kam einem Macondo plötzlich gar nicht mehr so exotisch vor.

Die Inhaber der Ägypterläden wirkten nicht besonders ägyptisch, aber das gleiche galt für den Bürgermeister von Managua mit dem orientalischen Namen Moisés Hassan. In den Cafés der Stadt traf ich auf vertrautere Gesichter; an allen Ecken und Enden sah man Plakate mit dem Konterfei des Papstes und des Kardinals Obando y Bravo; Zeit und Sonne hatten den Scharlach der Kardinalsroben zu einem blassen Rosa verbleichen lassen. Sandinisten saßen unter dem Bild des Kardinals, ohne sich um seine Anwesenheit zu scheren, und tranken schauderhaft süße Fruchtsäfte wie die hellviolette *pitahaya* und kauten kiwiähnliche klebrige *mamóns*. Mit Carlos Paladino, der im Amt des *delegado* oder Gouverneurs der Provinz Matagalpa arbeitete, sprach ich über die regionalen Umsiedlungsprogramme.

Große Gebiete der bergigen, dicht bewaldeten Kriegszone im nordöstlichen Teil der Provinz Jinotega waren evakuiert worden; die Bevölkerung hatte man im Südteil Jinotegas und in der Provinz Matagalpa angesiedelt. Es war eine »militärische Aktion«, das heißt eine Zwangsumsiedlung. Die Armee hatte Schwierigkeiten bei der Bekämpfung der Contras gehabt, weil die weitverstreute Zivilbevölkerung ihr im Weg war. Außerdem waren die Zivilisten durch die Contras gefährdet, die immer wieder *campesinos* kidnappten und sie zwangen, sie mit Lebensmitteln zu versorgen, oder umbrachten. Aber stimmte es nicht auch, fragte ich, daß viele Leute in diesen Gebieten mit der Contra sympathisierten? Ja, erwiderte Paladino; manche hätten sich ihr angeschlossen und Frauen und Kinder allein zurückgelassen. Die so entstandenen zahlreichen vaterlosen Familien waren zu einem massiven Problem geworden. Aber oft genug kehrten die Männer früher oder später desillusioniert zurück. Die Regierung bot jedem *campesino*, der zurückkehrte, Straffreiheit an. »Wir machen sie nicht dafür verantwortlich«, sagte Paladino. »Wir wissen, welchen Druck die Contra ausüben kann.«

Die Umsiedlung brachte Probleme mit sich. Abgesehen von den Familien ohne Ernährer – wie sollte man diese Frauen in den Produktionsprozeß eingliedern, wenn sie sich um die Kinder kümmern mußten? –, waren die umgesiedelten Familien aus dem Norden überhaupt nicht daran gewöhnt, in dorfähnlichen Gemeinschaften zu leben. Sie hatten isoliert auf Rodungen im Dschungel gewohnt. Nun steckte man sie auf einmal in dicht aneinandergebaute Häuser. Ihre Haustiere streunten in den Höfen der Nachbarn herum. Ihre Kinder stritten miteinander. Das neue Leben war scheußlich für sie. In ihrer Herkunft unterschieden sie sich oft von den ortsansässigen Mestizen: Sie waren Indianer, Miskitos und Sumos, mit einer eigenen Sprache und einer eigenen Kultur, die das Gefühl hatten, daß man sie wie ein Kolonialvolk behandelte. »Wir haben sehr viel falsch gemacht«, räumte Carlos Paladino ein.

Es war vorgesehen, in jeder genossenschaftlichen Siedlung ein Kinderfürsorgezentrum einzurichten, aber bisher war es nicht gelungen, in insgesamt über fünfzig Siedlungen mehr als elf solcher Stätten zu schaffen. Einige Schulen und Einrichtungen zur medizinischen Versorgung waren inzwischen ebenfalls fertiggestellt; doch die Erbitterung der Umgesiedelten war noch lange nicht besänftigt.

Die Materialknappheit (und gewiß auch die Eile, mit der diese Umsiedlungen durchgeführt worden waren) hatte zur Folge, daß die Behörden mancherorts den umgesiedelten Familien nicht einmal fertige Häuser zur Verfügung stellen konnten. Diese sogenannte Nur-ein-Dach-Politik verschaffte den entwurzelten Familien tatsächlich, wie der Name verriet, nichts als das bloße Dach über dem Kopf; die Wände mußten sie aus dem, was gerade zur Hand war, selbst bauen. Mit so einer Politik ließen sich kaum Sympathie und Verständnis erringen. Dennoch tue der Staat alles, was in seiner Macht stehe, sagte Paladino zur Verteidigung, und die internationalen Hilfsorganisationen und Freiwilligenbrigaden leisteten das Ihre. Es gab sogar spontane Eigeninitiativen. »Ein paar Tage, nachdem die Mine hochgegangen war, die zweiunddreißig Buspassagiere tötete«, erzählte Paladino, »tauchte bei uns ein großer blonder Mann auf, ein Fremder, der fünfzehnhundert Dollar verschenken wollte. Er hatte das Geld mitgebracht und war auf der Suche nach den Familien der zweiunddreißig Opfer, um es ihnen auszuhändigen. Es waren seine Ersparnisse.«

Fortschritte wurden nur langsam gemacht. »Wir haben einen schweren Stand«, sagte Carlos. »Acht neue Siedlungen haben die Contras in den vergangenen sechs Monaten zerstört. Hunderte von *campesinos* kommen jedes Jahr bei diesen Überfällen ums Leben.«

Unsere beste Verteidigung ist eine bewaffnete Bevölkerung.
»Die Leute sind inzwischen teilweise schon in der Lage, ihre Verteidigung selbst zu organisieren. Im November 1985 wurden bei Santa Rosa Hunderte von Contra-Soldaten getötet und bei späteren Überfällen auf neugegründete Kooperativen Hunderte mehr.«

Aber die Contras richteten massiven Schaden an. Für ein Land wie Nicaragua war eine geschätzte Einbuße von vierzig Prozent der Ernteerträge ein verheerender Schlag. Als Carlos Paladino nach Matagalpa gekommen war, hatte er das Vorgehen der Revolutionsregierung bei den Umsiedlungsaktionen heftig kritisiert, und es war ihm gelungen, sich die Unterstützung Carlos Zamoras, des örtlichen *delegado*, für sein neues Konzept zu verschaffen. Zusammen mit seinen Mitarbeitern ging er in den Dschungel und lebte monatelang bei den Bauern, um sich mit ihren Gepflogenheiten und Bedürfnissen vertraut zu machen, bevor er daranging, sie zu verpflanzen. Dadurch konnte man neue

Dörfer anders anlegen, und die Behörden zeigten mehr Verständnis für die Wünsche der indianischen Bevölkerung. Paladino wurde zum Fachmann für die Kultur der Miskito-Indianer, und seit kurzem schreibt er sein Wissen auf. In seiner Freizeit (!) bereitet er sich auf sein Examen in Geschichte vor. Nicht zum erstenmal empfand ich angesichts dessen, was sich in Nicaragua der einzelne aufbürdete, respektvolles Staunen.

Nachdem ich mich über eine Stunde mit Paladino unterhalten hatte, erfuhr ich, daß er vierundzwanzig Stunden zuvor im Krankenhaus operiert worden war – man hatte ein 22er Projektil aus der Lunge entfernt. Schon vor dem »Triumph« hatte es dort gesteckt, Folge eines Unfalls: Ein unachtsamer Kadett hatte ihn bei einer Schießübung angeschossen. Er öffnete sein Hemd, weil ich nicht lockerließ, und zeigte mir die Wunde. Sie lag keine drei Zentimeter neben dem Herzen.

Ich wohnte in einer Holzhütte in den Bergen hoch über Matagalpa, und am Abend desselben Tages kamen der *delegado* Carlos Zamora und sein Stellvertreter, Manuel Salvatierra, vorbei, um den *escritor hindú* in Augenschein zu nehmen. Zamora war klein, zierlich, schnurrbärtig; Salvatierra wirkte neben ihm wesentlich imposanter. Sie waren seit ihrer Studienzeit befreundet. Wir aßen gemeinsam zu Abend: Rindfleisch in Chilisauce, Melonenkürbis mit geschmolzenem Käse und Bananenchips.

Zamora erzählte, daß am 19. die Contra-Armee tausend Mann in die Provinz Jinotega eingeschleust hatte. Sie sollten eines der beiden Wasserkraftwerke überfallen und die

Stromleitung kappen. Außerdem sollten sie *campesinos* auf dem Weg nach Estelí überfallen. »Beide Vorhaben sind gescheitert«, sagte Zamora zufrieden. »Wir waren rechtzeitig informiert worden. Aber siebenhundert Mann sind noch immer hier, in Nicaragua. Die übrigen haben sich nach Honduras zurückgezogen.«

Salvatierra wies auf die schlechte Kampfmoral der Contra-Soldaten hin. »Sie haben Angst vor uns«, sagte er. »Daran können die Dollars auch nichts ändern.«

Ich wechselte das Thema. Stimmte es, daß eine Autoreparatur sechs Stück Vieh kostete? Sie lachten. »Oder zehn Hektar Mais«, sagte Carlos Zamora. Wenn die Preise so astronomisch hoch seien, sagte ich, dann würde ich gerne etwas über die Korruption hören. Sie schauten betreten drein, was kein Wunder war, aber sie weigerten sich nicht, auf meine Frage zu antworten. Tja, sagte Zamora, Korruption komme, äh, schon ab und zu vor. »Autoreparaturen zum Beispiel«, sagte er. »Da kann der Mechaniker sagen, ein bestimmtes Ersatzteil sei gar nicht oder nur für einen horrenden Preis zu bekommen, aber zufällig habe er eines da, doch das koste eine Kleinigkeit.«

Auf dem schwarzen Markt seien etwa vierzig Prozent des flüssigen Kapitals in Umlauf. »Alles, was man kaufen kann, kann man woanders zu einem höheren Preis weiterverkaufen«, sagte Salvatierra. »Es gibt hier eine alte Frau, die jeden Tag als Anhalterin von Matagalpa nach León fährt, mit einem Koffer voll Bohnen, Mangos und Reis. Damit verdient sie fünftausend Cordobas am Tag. Ich verdiene ungefähr dreitausend Cordobas.«

Zamora und Salvatierra waren »schlechte Studenten« in

Managua gewesen, als sie zur FSLN stießen. Zamoras Vater war Automechaniker. (Ich hatte mit meinem Reparaturbeispiel also ganz zufällig das richtige Thema getroffen.) »Er war nicht gegen die Revolution, aber er war auch nicht dafür.« Ich sagte, bisweilen habe man den Eindruck, die Revolution sei eine Art Generationskonflikt gewesen – die *muchachos*, die jungen Burschen der Frente, lehnten sich gegen die ältere Generation der Somozisten und vorsichtigen, konservativen *campesinos* auf. Nein, nein, beeilten sich beide zu widersprechen. Aber das bestärkte mich eher in meiner Meinung.
»Wie alt sind Sie?« fragte ich. Sie kicherten verschämt.
»Dreißig«, sagte Carlos Zamora. Er hatte in einer Revolution gekämpft, war Gouverneur einer Provinz und war neun Jahre jünger als ich.
Später, als etwas Flor de Caña Extra Seco die Atmosphäre aufgelockert hatte, bekam ich wieder die alten Geschichten zu hören: die vom Kampf bei Pancasán im Jahr 1974, wo die Sandinisten eine blutige Niederlage erlitten; aber nach dieser Schlacht waren erstmals *campesinos* zur Frente gekommen und hatten um Waffen gebeten, so daß die Niederlage letzten Endes ein Sieg war, der Moment, als *muchachos* und Bauern sich vereinigt hatten; die Geschichte von Julio Buitrago; die des Ortshelden, Carlos Fonseca, der in Matagalpa geboren war. Sie erzählten mir, daß sowohl Sandino als auch Fonseca außereheliche Söhne waren.
»Worin besteht der Zusammenhang zwischen illegitimer Herkunft und Revolution?« fragte ich, aber daraufhin lachten die beiden nur unsicher. Es gehörte sich nicht, über Heilige zu scherzen.

Ich versuchte, die beiden über jene Zeit in den siebziger Jahren zum Reden zu bringen, als die Frente sich nach einem erbitterten Streit über den richtigen Weg der Revolution in drei »Richtungen« aufgespaltet hatte. (Die »proletarische Fraktion«, die von Jaime Wheelock angeführt wurde, vertrat die Ansicht, daß man Basisarbeit bei den *campesinos* leisten sollte, um sie zu politisieren und zu überzeugen, auch wenn dieser Prozeß Jahre dauern würde. Die Fraktion, zu der Carlos Fonseca selbst zählte, richtete sich auf einen anhaltenden Guerillakrieg ein und verschanzte sich in den Bergen; und die dritte Fraktion, die darauf setzte, Rückhalt bei der Mittelklasse zu finden, und deren Strategie massenhafte Erhebungen in den Städten vorsah, die *terceristas*, wurde von Daniel Ortega und seinem Bruder angeführt. Im Dezember 1978 vereinigten sich die drei Fraktionen, um gemeinsam den Sieg zu erringen, und es war das Konzept der *terceristas*, das sich danach durchsetzte.)

Zamora und Salvatierra wollten nichts von internen Machtkämpfen wissen und behaupteten, die Trennung sei eher eine taktische Maßnahme gewesen als eine wirkliche Spaltung. »Von einer Revolution ohne Machtkämpfe innerhalb der Führung habe ich noch nie gehört«, sagte ich. Stimmte es etwa nicht, daß man Jaime Wheelock beschuldigte, die Spaltung herbeigeführt zu haben? Stimmte es etwa nicht, daß Daniel Ortega Präsident geworden war, weil die Fraktion der *terceristas* den Führungszwist für sich hatte entscheiden können? Nein, nein, wehrten sie aufgeregt ab. Ganz und gar nicht. »Das Direktorium war sich immer sehr einig.«

Das war schlicht und einfach nicht wahr. Wo hatten sie sich denn während der Aufstände aufgehalten, wollte ich wissen. »In der Stadt«, antwortete Zamora; Salvatierra nickte bestätigend. Allmählich dämmerte es mir: Sie gehörten zur städtisch-bürgerlichen *tercerista*-Fraktion, die sich durchgesetzt hatte. Sie wollten vor mir nicht den Eindruck erwecken, daß sie ihren Sieg hämisch auskosteten.

Um die Diskussion ein bißchen zu beleben, sagte ich, das Beispiel Edén Pastoras beweise doch, daß die Spaltung tiefer gehe, als sie zugeben wollten. Schließlich war Pastora selbst ein *tercerista* gewesen, kein Geringerer als der berühmte schneidige und faszinierende Comandante Cero, der den legendären Angriff auf den Palacio Nacional befehligt hatte, bei dem er die ganze Abgeordnetenkammer Somozas als Geiseln genommen und die Freilassung von fünfzig inhaftierten Sandinisten sowie eine halbe Million Dollar Lösegeld erpreßt hatte; und dieser Mann saß heute im Exil in Costa Rica, nachdem er versucht hatte, eine eigene konterrevolutionäre Armee auf die Beine zu stellen ... Er war von den Sandinisten geschlagen worden, aber sein Bruch mit der Revolution, der er zum Durchbruch verholfen hatte, hatte doch wohl etwas zu bedeuten? Der *delegado* und sein Stellvertreter reagierten mit Grinsen und unsicherem Lachen. »Edén Pastora wollte Ruhm«, sagte Salvatierra. »Sein Fehler war, daß er zuerst für die falsche Armee gekämpft hat.«

Am nächsten Tag fuhr ich nach Norden. Ich wußte, daß die Straße, auf der wir fuhren, die an Jinotega vorbei nach Bocay führte, dieselbe Straße war, auf der die

Mine der Contra explodiert war und die »zweiunddreißig« getötet hatte, und obwohl das Attentat sich weit im Norden ereignet hatte, kam ich mir ausgesprochen todesmutig vor, als wir über die Schlaglöcher holperten.
»Wie sorgen Sie für die Sicherheit der Landstraßen?« fragte ich den Armeeoffizier, der mich begleitete. »Völlige Sicherheit kann man nicht garantieren«, bekam ich zur Antwort.
»Ah ja«, sagte ich. »Gewiß. Ach, was ich Sie fragen wollte: Woran erkennen Sie, ob die Straße vermint ist?«
»An der Explosion«, antwortete er, ohne eine Miene zu verziehen.
Mein Frühstück aus Reis und Bohnen – *gallo pinto* hieß diese Mischung, »bunter Hahn« – begann sich in meinem Magen mit krächzenden Geräuschen bemerkbar zu machen.
Am Straßenrand hockten Geier. Tiefe Wolken hingen zwischen den Berggipfeln. Die Straßenschilder waren von Schüssen durchlöchert. Danilo, der Fahrer des Jeeps, hatte ein Radio, besser gesagt, einen REALISTIC-Empfänger mit sechzehn Frequenzen, mit dem er die Funkmeldungen der Contras abhörte. Wir fuhren an Kooperativen mit entschieden optimistischen Namen vorbei: *La Esperanza. La Paz.* Die Berge rückten näher und schlossen uns ein: Zu beiden Seiten der Straße ragten Mauern aus Bäumen und Wolken auf. Stahlblaue Flügel blitzten vor dem Wagenfenster auf; dann wurde plötzlich eine Bauernhütte sichtbar, die inmitten von Bäumen und Hecken stand, die zu allen erdenklichen geometrischen Körpern zurechtgestutzt waren, zu Kegeln, Kuppeln, Rechtecken und Kugeln.

Um im Dschungel der Kunst des Baumschnitts zu huldigen, dachte ich, mußte man über eine wirklich außerordentliche Portion Hartnäckigkeit verfügen.
Dann lag auf einmal ein Baum quer über der Straße; aus war es mit der Weiterfahrt. War das das Ende? Würden jetzt gleich Contra-Finsterlinge mit Macheten zwischen den Zähnen aus dem Blattwerk brechen, und das letzte Stündlein unseres *escritor hindú* hätte geschlagen?
Es war nichts weiter als ein Baum auf der Straße.

Die Enrique-Acuña-Kooperative trug den Namen eines lokalen Märtyrers, der nach Somozas Sturz von einem reichen Großgrundbesitzer ermordet worden war. (Es gelang dem Mörder, aus dem Land zu fliehen, bevor man ihn verhaften konnte.) Es war eine CAS-Genossenschaft – Cooperativa Agricola Sandinista –, das heißt eine richtige Kooperative, in der alles Land Gemeinbesitz war und gemeinsam bestellt wurde. An anderen Orten, wo die Form der Kooperative auf Widerstand gestoßen war, hatte die Regierung das CCS-System eingeführt, eine Kooperative für Kredite und Dienstleistungen. In solchen Genossenschaften war der Boden Privatbesitz und wurde individuell bearbeitet, und die Rolle der Regierung beschränkte sich darauf, für Strom, Wasser, medizinische Versorgung und den Absatz der Produkte zu sorgen. Die Bestrebungen zielten eindeutig darauf ab, den *campesinos* das CAS-Modell schmackhaft zu machen, aber es war ein Beweis der Flexibilität des Staates, daß es auch die andere Möglichkeit gab; so etwas war kaum die Weise, wie ein doktrinäres kommunistisches Regime verfahren wäre.

Die Häuser waren in der »Minirock«-Bauweise errichtet: Blechdächer auf Wänden, die bis zu einem Meter Höhe aus Beton und darüber aus Holz bestanden. Dieses Konstruktionsprinzip wurde von den *campesinos* bevorzugt, denn die Contras konnten weder die Dächer anzünden noch durch die Wände auf die schlafenden Insassen schießen. Die Häuser waren in großzügigen Abständen entlang breiten Alleen angelegt. Schweine ruhten sich im Schatten aus. Es gab einen Gemeinschaftsanschluß mit fließendem Wasser und sogar eine Dusche. Aus einer baufälligen Hütte ertönten rhythmisches Klatschen und Kinderlieder: ein Kindergarten, in dessen Nebenraum sich ein Säuglingsversorgungszentrum befand; an den Wänden waren Tafeln mit Anweisungen und Illustrationen zur Verhütung und Behandlung von Diarrhöe angebracht, die die Kinder selbst geschrieben und gemalt hatten. Diese Krankheit forderte noch immer die meisten Todesopfer unter den Kindern in ländlichen Gegenden.
Rund um den Dorfkern der Kooperative waren Schützengräben angelegt. Die *campesinos* hielten turnusmäßig Wache; viele von ihnen konnten mit der AK-47-Maschinenpistole umgehen, und sie waren Meister im Handhaben der Machete. Der *campesino*, der den Baum in Stücke gehackt hatte, der uns den Weg versperrte, hätte uns mit seiner Machete rasieren können, ohne einen Kratzer zu verursachen, aber genausogut hätte er uns wie Brotlaibe in Scheiben zerteilen können.
Im vergangenen November hatten Contras die Acuña-Kooperative überfallen, bei Tage und mit einem großen Aufgebot: an die vierhundert Contras gegen zweiunddreißig

bewaffnete Verteidiger. Arturo, der stämmige junge Mann, der die Verantwortung für das Verteidigungstrüppchen innehatte, erzählte mir stolz, daß sie drei Stunden lang Widerstand geleistet hatten, bis aus einer benachbarten Genossenschaft Verstärkung kam. Zu guter Letzt waren die Contras mit dreizehn Toten und vielleicht vierzig Verwundeten vernichtend geschlagen. »Wir hatten keine Einbußen«, rühmte sich Arturo. Seither waren Contras in der näheren Umgebung zweimal gesichtet worden, hatten aber keinen Angriff gewagt.

Mir kam ein Gedanke: Wenn die Opposition recht hätte und die Sandinisten so unpopulär wären, wie sie behauptete, wie kam es dann, daß die Regierung so viele Waffen an die Bevölkerung austeilte und darauf vertraute, daß sie nicht gegen sie selbst eingesetzt werden würden? Es gab kein zweites Regime in Mittelamerika, das so etwas riskiert hätte: weder El Salvador noch Guatemala, noch Honduras, noch Costa Rica. Im tyrannischen, »stalinistischen« Nicaragua hingegen bewaffnete die Regierung die Bauern, und diese richteten ihre Waffen ausnahmslos gegen die konterrevolutionären Streitkräfte.

Konnte man daraus einen Schluß ziehen?

Ich unterhielt mich mit einer Gruppe von fünf *campesinos*, als sie Mittagspause machten. Ihre Macheten parkten sie, indem sie sie in einen Baumstumpf hieben, aber ihre Maschinenpistolen legten sie auch beim Essen nicht ab. Kannten sie jemanden, der zur Contra gegangen war? Sie wußten, daß Leute entführt worden waren. Und jemand, der freiwillig die Fronten gewechselt hatte? Nein, davon hatten sie nie gehört. Die Leute fürchteten sich vor den Contras.

Einer der *campesinos*, Humberto, ein kleiner Mann, der beim Lächeln sein ganzes Gebiß entblößte, war »Eingeborener«, aber er wußte nicht genau, von welchem Stamm. Er wußte, daß er nicht Miskito und nicht Sumo war. »Ich versuche herauszubekommen, was ich bin.« Er kam aus dem Norden, aus dem Gebiet, das jetzt evakuiert war. Er sagte, die Contras hätten ihn entführt und gedroht, ihn zu töten, aber er sei ihnen entkommen. Kurze Zeit später habe er erfahren, daß sie ihn noch immer suchten und wieder einfangen wollten. »Dieses Mal hätten sie mich sicher umgebracht.« Deshalb war er froh, daß man ihn umsiedelte. »Am Anfang war es nicht leicht, aber für mich war es ein Glück.« Er saß neben einem spindeldürren Mann, unter dessen spitzer Mütze borstiges schwarzes Haar in eigensinnigen Büscheln abstand. »Ist mir auch passiert«, sagte dieser Mann, Rigoberto, »die gleiche Geschichte. Mir auch.«

Ein dritter aus dem Quintett stammte aus einem Fischerdorf an der Küste, wo man kein Land bekommen konnte. Die anderen zwei waren Einheimische. »Und halten Sie diesen Ort jetzt für Ihre Heimat?« fragte ich. »Oder ist es eher ein vorübergehender Aufenthaltsort?«

Arturo, der Verteidigungsstratege, antwortete. »Was glauben Sie denn? Wir haben diesen Boden mit unserem Schweiß getränkt, unser Leben dafür aufs Spiel gesetzt. Wir leben von diesem Stück Land. Was glauben Sie denn? Natürlich ist das unsere Heimat.«

»Zum erstenmal haben wir eine Heimat«, sagte der Fi-

scher, der mit etwa fünfzig Jahren der älteste in der Runde war. Er hieß Horacio, und als ich seine Worte hörte, dämmerte es mir: Was er gesagt hatte und was Humberto mir erzählt hatte – »Ich versuche herauszubekommen, was ich bin« –, beides war so zu begreifen wie Pater Molinas Predigt in Riguero: Es drückte den Gedanken aus, daß das eigene Land zum Exil, zu Ägypten oder Babylon werden kann, daß Somozas Nicaragua diesen Menschen im wortwörtlichen Sinne *keine* Heimat gewesen war und daß die Revolution sowohl für die Einheimischen als auch für die Umsiedler eine Wanderung bedeutet hatte. Sie schufen sich ihr Heimatland und, mehr als das, die eigene Identität. Dadurch, daß er nun hierhergehörte, konnte Humberto möglicherweise tatsächlich herausfinden, wer er war.
Ich sagte: »Da habt ihr Glück.« Die Frage nach dem Heimatland hatte mich nie losgelassen. Das konnten diese fünf freilich nicht verstehen – warum sollten sie auch? Niemand schoß auf mich.

Der Tag in der Kooperative begann um fünf Uhr morgens, wenn die Arbeiter sich versammelten, um von den Vertretern der verschiedenen (jedes Jahr neu gewählten) Komitees die Schichteinteilung für die Tagesarbeit zu erfahren. Dann gingen sie nach Hause, frühstückten Tortillas und Bohnen und waren um sechs Uhr auf den Kaffee- und Reisplantagen, um acht Stunden lang zu arbeiten. Nach der Arbeit gab es Erwachsenenunterricht. Drei der fünf Männer, mit denen ich sprach, hatten seit ihrer Ankunft schreiben gelernt – Humberto, wie er gestand, »nicht besonders gut«. Der Unterricht ging bis zum vierten Schuljahr.

Womit beschäftigten sie sich in ihrer Freizeit? Mit Hahnenkämpfen, Karten, Gitarrenspiel; ab und zu machten sie einen Besuch in der Nachbarkooperative, fuhren gelegentlich nach Jinotega oder Matagalpa, und natürlich gab es die Fiestas. Aber es schien ihnen peinlich zu sein, über so etwas zu sprechen. »Obwohl uns wegen des Kriegs viele Arbeitskräfte fehlen«, sagte Arturo, um die Unterhaltung wieder in ernsthafte Bahnen zu lenken, »konnten wir unser Produktionsniveau halten.«

Mit der Großzügigkeit der Armen bewirteten sie mich mittags mit einer Delikatesse. Man servierte mir eine Suppe aus Eiern und Bohnen; das Besondere an dieser Suppe bestand darin, daß die verwendeten Eier die allerbesten waren, denn es waren befruchtete Eier. Diese Eier hießen »Liebeseier«. Wo Leute sich so einschränken mußten, wurde ein befruchtetes Hühnerei zu einem Leckerbissen. Während ich meine Liebeseier aß, die wirklich gut schmeckten, spielten Kinder in der Hütte neben dem Küchenhäuschen. Ihre Spielkarten waren aus den Pappseiten eines alten Onkel-Dagobert-Buchs ausgeschnitten. »Kreisch! Mein Geld! Ihr Lumpen ...« Segmente von Tick, Trick und Track flohen vor dem Wutanfall des millionenschweren amerikanischen Enterichs, während im Radio – ich erfinde nichts – Bruce Springsteen sang: »Born in the USA«.

Das Germán-Pomares-Feldlazarett, das wir auf der Rückfahrt nach Jinotega besuchten, war nach dem FSLN-Führer benannt, der im Mai 1979, nur zwei Monate vor dem »Triumph«, getötet worden war. Pomares hatte großen

Einfluß auf Daniel Ortega gehabt und war einer der populärsten sandinistischen Führer gewesen. »Die Leute liebten ihn so«, sagte meine Dolmetscherin, »daß sein Tod sechs Monate lang nicht bekanntgegeben wurde.« Diese Worte fügte ich in Gedanken in meine Sammlung deprimierender Aussprüche ein, gleich neben der Bemerkung über die »kosmetische« Natur der Pressefreiheit.
Im Wachhäuschen neben der Einfahrt zum Lazarett mußten alle ihre Waffen abgeben, aber Danilo, unser Fahrer, versteckte seine Pistole unter einem Sweatshirt, das ich ausgezogen hatte, als es warm geworden war. Sich in der Hitze auszuziehen, das machte ihm nichts aus, aber – so gestand er mir, als ich seinen Trick bemerkte – ohne ein Schießeisen wäre er sich nackt vorgekommen.
Das Krankenhaus war erst vor zwei Jahren errichtet worden. »Wir mußten es aus dem Boden stampfen«, sagte Verwaltungsdirektor Caldera, ein Mann mit indianisch anmutenden Zügen, in seinem Büro, das ein Bild von Che Guevara zierte, das aus winzigen Muscheln zusammengesetzt war. »Noch nie in der Geschichte unserer Nation hatten wir so viele Verwundete.« Die Fachärzte waren ausnahmslos Kubaner. Nicaraguanische Ärzte wurden ausgebildet, um sie in Zukunft ablösen zu können, aber bisher besaßen sie noch nicht genug Erfahrung für die hier erforderliche Spezialchirurgie.
Das Durchschnittsalter der Patienten war einundzwanzig Jahre. Zehn Prozent von ihnen waren Berufssoldaten, dreißig Prozent kamen aus den Bauernmilizen, und nicht weniger als sechzig Prozent waren Jugendliche, die ihren Militärdienst leisteten.

»Das ist sonderbar«, sagte ich. »Wie kommt es, daß unter den Verletzten so viele Wehrpflichtige sind?« Caldera erklärte, daß diese jungen Burschen den größten Teil der BLI-Truppen stellten, kleiner Einheiten, die die Contras tief in den Dschungel und die Berge hinein verfolgten. Der Militärdienst in Nicaragua war kein Schulausflug.

In den vergangenen Monaten waren viele Opfer von Minenexplosionen ins Lazarett eingeliefert worden, und von diesen Patienten hatten nur wenige überlebt. Ansonsten handelte es sich in den meisten Fällen um Verletzungen durch Schußwaffen. »Dreiundachtzig Prozent können vollständig geheilt werden«, sagte Caldera, der seine Statistiken auswendig zu kennen schien, »bei sechs bis sieben Prozent bleiben Schäden zurück.« Das ergab einen Rest von zehn Prozent. Ich fragte ihn nicht, was mit diesen Fällen passierte.

Zufällig besuchte ich das Pomares-Lazarett, als es dort einige leerstehende Betten und nicht viele Amputationsfälle gab. Normalerweise verhalte es sich anders, sagte Caldera. »Wenn das der Normalzustand wäre, könnte ich nebenbei Gedichte schreiben.« Wieder ein Dichter. Nirgends war man vor diesen Brüdern sicher.

Ich fragte ihn, ob sie Blutkonserven aus dem Ausland einführten. Nein, erwiderte er; die nationalen Blutspendeaktionen gewährleisteten eine ausreichende Versorgung mit Blutplasma. Das fand ich ziemlich erstaunlich. Nicaragua war ein kleines Land, und es hatte sehr viel Blut verloren.

Die jungen Patienten auf den einzelnen Stationen waren voller Tatendrang und schwärmten mit glänzenden Augen von der Revolution – »Seit meiner Verwundung«, erklärte mir einer dieser Teenager, »liebe ich die Revolution noch mehr« –, und ungeduldig warteten sie darauf, wieder ins Gefecht zu kommen. Ich begegnete einem Neunzehnjährigen, der seit sechs Jahren im Einsatz war. Ich begegnete einem Siebzehnjährigen, der vor Scham darüber, daß er sich versehentlich selbst in den Fuß geschossen hatte, fast verging. Ich begegnete einem Achtzehnjährigen mit Verwundungen am ganzen Körper. »Zuerst traf es mich am Bein«, sagte er, »aber ich konnte trotzdem weiterschießen. Dann die Granatsplitterverletzung hier«, er deutete auf den Verband an seiner Stirn, »und vor meinen Augen fing alles zu schwimmen an. Ich wurde ohnmächtig, aber ich kam gleich wieder zu mir.« Ich fragte ihn, wie er zu der klaffenden Wunde über dem rechten Knie gekommen sei. »Das weiß ich nicht«, sagte er. Die Wunde war so tief, daß sie gar nicht unbemerkt entstanden sein konnte, aber er schüttelte den Kopf. »Es ist wirklich komisch, aber ich habe keine Ahnung, wann und wie das passiert ist.«
Sie waren alle so jung und doch schon so vertraut mit dem Tod, daß sie nichts mehr dabei empfanden. Das stimmte mich nachdenklich. Und dann, als ich gehen wollte, traf ich auf eine junge Frau im Rollstuhl. Sie war in die Leiste geschossen worden und saß mit starrem, ausdruckslosem Gesicht im Stuhl. Im Unterschied zu den Kindersoldaten war dieser Frau bewußt, was ihr widerfahren war, und sie nahm es nicht auf die leichte Schulter.
»Und was halten Sie von der Revolution?« fragte ich sie.

»Für diesen Quatsch habe ich keine Zeit«, antwortete sie.
»Sind Sie dagegen?«
»Und wenn schon«, sagte sie achselzuckend. »Vielleicht. Ja.«
Es gab also Leute, die die Gewalt nicht ertrugen, denen die Revolution zu teuer erkauft war. Aber genauso wichtig war, daß sie keine Angst gehabt hatte. Sie hatte sich mit mir im Beisein mehrerer Staatsbeamter unterhalten, aber das hatte sie keinen Deut gekümmert.

Als ich wieder in meine Holzhütte zurückgekehrt war, wirkte der Anblick der Berge im Abendlicht so friedvoll, daß ich kaum an die Gefahren glauben mochte, die sie bargen. Hinter der Schönheit verbirgt sich in Nicaragua nicht selten das Schreckliche.

8 Abtreibung, Volljährigkeit
und Gott

Die wichtigste Aufgabe, mit der die Nationalversammlung sich konfrontiert sah, war die Erarbeitung der neuen nicaraguanischen Verfassung. Im Gebäude, in dem die Nationalversammlung ihren Sitz hatte und das noch immer wie eine Bank aussah, war ich mit vier Mitgliedern des Verfassungskomitees verabredet; zwei von ihnen erwiesen sich – wie nicht anders zu erwarten – als Dichter: Luis Rocha und Alejandro Bravo. Der dritte, Manuel Eugarrios, war Journalist, und der vierte, Serafin Soria, der »Einpeitscher« der FSLN.
Bei den Parlamentswahlen hatte die FSLN einundsechzig der sechsundneunzig Sitze in der Nationalversammlung erhalten. Die restlichen Sitze teilten sich sechs Oppositionsparteien, vier davon rechts von der FSLN und zwei Splitterparteien, die Sozialistische Partei und die Marxistisch-Leninistische Partei der Volksaktion, links von ihr. (Diese Linksparteien beschuldigten die Sandinisten regelmäßig, keine echten Revolutionäre zu sein; diese Attacken schienen den Führern der Frente Spaß zu machen.) Ursprünglich hatten alle Oppositionsparteien mit dem Verfassungskomitee kooperiert, aber dann hatte Dr. Virgilio Godoy von der Liberalen Partei – die in Wirklichkeit rechts von den Konservativen angesiedelt war und neun Sitze innehatte, während die Konservativen über vierzehn Sitze verfügten – die Zusammenarbeit aufgekündigt. »Er

will sich heraushalten«, sagte Rocha, »um sich den Vereinigten Staaten zu empfehlen.«
(Die Tendenz der Sandinisten, Opponenten ohne viel Federlesens abzuschreiben, könnte ihnen noch einmal größere Schwierigkeiten einbrocken. Nach meiner Rückkehr nach Großbritannien erfuhr ich, daß es Godoy gelungen war, die übrigen oppositionellen Parteien dazu zu bewegen, sich gleichfalls zu weigern, am Verfassungsentwurf mitzuwirken, bis die FSLN sich bereit erklären würde, die »großen Probleme« zu diskutieren, die das Land beträfen. Auch wenn die Opposition es in diesem Fall nicht zur Bedingung machte, daß die Contra-Führer an den Gesprächen beteiligt werden sollten, schien es doch mehr als wahrscheinlich, daß die Verfassung zu einer Art politischem Fußball werden könnte.)
Zum Zeitpunkt meines Besuchs war der erste Verfassungsentwurf vorgelegt worden und wurde landauf, landab auf dreiundsiebzig öffentlichen Foren diskutiert. Alejandro Bravo sagte: »Es ist das erste Mal in der Geschichte Lateinamerikas, daß ein Volk seine Verfassung selbst bestimmen kann.« Der Verfassungsentwurf sprach von der »Bildung einer Gesellschaft mit breiter Mitbestimmung des Volkes, aktivem und passivem Wahlrecht, dem Recht der freien Meinungsäußerung und der Versammlungsfreiheit, dem Recht auf Wohnung, Erziehung und ärztliche Betreuung«. Politischen Pluralismus definierte er als »die uneingeschränkte Zulassung aller politischen Parteien bis auf solche, die die Rückkehr zu einer somozistischen Regierungsform propagieren«. Er empfahl eine »gemischte Wirtschaftsform ... mit verschiedenen Arten von Eigen-

tum – staatlichem, privatem, gemischtem und kooperativem –, wobei das Hauptbestreben darauf ausgerichtet ist, das Wohlergehen aller zu garantieren, wobei gewährleistet bleiben muß, daß vernünftige Gewinne erzielt werden«.
»Jedem einzelnen«, lautete eine Stelle, »werden Gewissensfreiheit, Gedankenfreiheit und Freiheit der Religionsausübung garantiert ... Niemand darf Zwangsmaßnahmen unterworfen werden, die diesen Rechten zuwiderlaufen.« Der Staat war verpflichtet, für soziale Einrichtungen, Wohlfahrtsinstitutionen und »Maßnahmen gegen den Hunger« zu sorgen. Er war sogar dafür verantwortlich, »die Umwelt zu schützen«.
An Kritik hatte es auf den öffentlichen Foren nicht gemangelt. Auf dem Forum der Journalisten, Schriftsteller und Kulturschaffenden verlangte ein Diskussionsteilnehmer, die Verfassung solle die »öffentlichen Freiheiten und die Meinungs- und Informationsfreiheit stärker berücksichtigen«. Ein anderer forderte, sie müsse »die Haltung des Staates zur Massenkommunikation zum Ausdruck bringen«, und ein dritter stellte das etwas widersprüchliche Ansinnen, daß es »keine Beschneidung des Rechts der freien Meinungsäußerung« geben dürfe, »insbesondere für Parteien, die die Arbeiterklasse repräsentieren.«
Das Komitee arbeitete an einer neuen Fassung, die die Kritik am ersten Entwurf berücksichtigen sollte. Für jeden Verfassungsartikel war eine Zweidrittelmehrheit erforderlich, aber Eugarrios erklärte: »Wir versuchen immer, eine möglichst große Übereinstimmung zu erreichen. Wir wollen eine brauchbare Verfassung, die Bestand haben soll.«
Aber gab es nicht eine bestimmte Anzahl von Themen, wo

die Standpunkte unvereinbar divergierten? »Ich möchte«, sagte ich, »mit Ihnen über Abtreibung, Volljährigkeit und Gott sprechen.«

Von allen Fragen, die auf den öffentlichen Foren aufgeworfen wurden, war das Recht auf Abtreibung am häufigsten diskutiert worden. Frauen in ganz Nicaragua hatten verlangt, dieses Recht in einer Verfassung garantiert zu bekommen, die vielen unter ihnen zu sehr von Männern bestimmt war. Aber in einem so durch und durch katholischen Land wie Nicaragua mußte dieses Thema immer Zündstoff bieten.
»Wenn dieses Recht in der Verfassung verankert würde«, meinte ich, »das wäre wirklich etwas Revolutionäres.«
Meine Gesprächspartner sahen etwas unbehaglich drein.
»Unserer Ansicht nach eignet diese Problematik sich nicht dafür, in eine Verfassung aufgenommen zu werden«, sagte Soria. »Unser Vorschlag sieht vor, gleich nach Ratifizierung der Verfassung eine Gesetzesvorlage einzubringen, die die Abtreibung legalisiert.«
Ich sagte: »Könnte man nicht behaupten, daß das Recht einer Frau, selbst über ihren Körper zu bestimmen, sich ganz besonders dazu eignet, in die Verfassung aufgenommen zu werden? Man hat es noch nie getan, aber was heißt das schon?«
»Ich sagte ja bereits«, erwiderte Eugarrios und rückte mit dem wahren Grund heraus, »daß wir größten Wert auf weitestmögliche Übereinstimmung legen.« Ich merkte,

---

* Die Verfassung wurde im Januar 1987 ratifiziert.

daß das Recht auf Abtreibung keine Chance hatte, in den neuen Verfassungsentwurf zu gelangen.

Das Thema der Volljährigkeit war ein ähnlich kitzliges Problem. »Man darf nicht vergessen«, sagte Soria, »daß in Nicaragua Männer im Alter von sechzehn Jahren in die Armee eingetreten sind – und davor in die Befreiungsfront – und oft genug ihr Leben gelassen haben.« Mich brauchte er nicht daran zu erinnern. Die Halbwüchsigen aus dem Pomares-Lazarett riefen in meinem Gedächtnis: »Ich kann es gar nicht erwarten, wieder an die Front zu kommen!« »Ich fahre nächste Woche!« ... »Und deshalb«, fuhr Soria fort, »stellt sich die Frage, ob ihnen von der Verfassung nicht die Volljährigkeit zugestanden werden sollte.«

Eugarrios, der Älteste der vier, äußerte seine Skepsis. »Meiner Meinung nach sollten sie das Wahlrecht erhalten«, sagte er. »Aber Volljährigkeit mit sechzehn? Sollen sie in dem Alter Kredite aufnehmen dürfen, und so fort? Vielen erscheint das als zu früh, und ich muß sagen, daß ich diese Ansicht teile.«

»Aber viele andere«, sagte Rocha, »finden, daß man die *muchachos* nicht halb als Erwachsene behandeln kann und halb nicht. Wir sind uns noch nicht schlüssig, wie wir entscheiden sollen.«

Also weiter zu Gott. Auf mehreren der öffentlichen Foren – auch dem der Schriftsteller – war die Forderung laut geworden, daß die Verfassung sich auf »Gott als höchstes Wesen« beziehen solle. Diese Frage wurde im ganzen Land heftig diskutiert. Was sagte das Komitee dazu?

Die offizielle Haltung der FSLN zu diesem Thema, so

erfuhr ich, war eine ablehnende gegenüber der Erwähnung Gottes, aber das war nicht »das letzte Wort«. Einige Sandinisten fanden, daß es nicht besonders wichtig sei, und weshalb sollte man dann nicht dieses Zugeständnis machen, wenn man ein paar Leute damit glücklich machen konnte? Andererseits hatten Christen auf den Foren erklärt, die bloße Erwähnung des Namens habe in der Verfassung nichts zu suchen und es sei wichtiger, daß die Verfassung das christliche Gebot der Nächstenliebe widerspiegele.
»Die Konservativen sind die treibende Kraft bei dieser Auseinandersetzung«, sagte Alejandro Bravo. Welche Lösung erschien am wahrscheinlichsten? »Das kann man noch nicht sagen. Vielleicht kommt Gott rein, vielleicht bleibt er draußen.«

Mit oder ohne Gott, volljährigen Teenagern und Abtreibung hätte die Verfassung bis zum Ende des Jahres 1986 ratifiziert werden sollen (die Debatten zu diesem Thema ließen dies allerdings als zweifelhaft erscheinen).* Ich hielt sie für ein ausgesprochen wichtiges Instrument und sagte das auch. Aber solange der Ausnahmezustand aufrechterhalten blieb, war die Verfassung kaum mehr als ein Stück Papier: Der Präsident konzentrierte fast alle Macht in seiner Hand, und zahlreiche Bürgerrechte waren außer Kraft gesetzt. Kritiker des nicaraguanischen Staates konnten sich in ihrer Ansicht bestärkt sehen, daß der Notstand offenbar nie aufhören würde, sondern eher den ersten

---

* Die Verfassung wurde im Januar 1987 ratifiziert.

Schritt zu einer Diktatur hin bildete. (Meine eigenen Erfahrungen mit den Begriffen Notstand und Ausnahmezustand, die ich machen durfte, als Indira Gandhi Mitte der siebziger Jahre Indien mit Notstands- und Ausnahmegesetzen diktatorisch regierte, waren sehr unerquicklicher Natur gewesen.)
Aber der Enthusiasmus und die Begeisterung, mit denen Nicaragua sich darangemacht hatte, eine Verfassung zu entwerfen, wirkten nicht wie eine Alibi- oder Pro-forma-Veranstaltung. Der Ausnahmezustand in Nicaragua war nicht Ergebnis der Hartnäckigkeit, mit der ein Politiker sich an die Macht klammerte – wie im Indien Indira Gandhis –, sondern die unvermeidliche Reaktion auf aggressive Akte fremder Mächte. Das hatte Sergio Ramírez gemeint, als er sagte, der Frieden würde mehr Demokratie bedeuten und nicht weniger Demokratie.
Ich verließ den Sitz der Nationalversammlung voller Wut. In der Enrique-Acuña-Kooperative und heute wieder hatte ich ein Volk kennengelernt, das ernsthaft bemüht war, sich eine neue Identität zu schaffen, ein neues Bewußtsein, ein Bewußtsein, das durch den Druck von außen zerstört werden konnte, bevor es überhaupt ausgebildet worden war.
Nicaraguas Verfassung stellte eine Bill of Rights dar, die sich vor dem Grundgesetz in Großbritannien nicht zu verstecken brauchte. Aber zum Teufel damit; zum Teufel mit den toten Sechzehnjährigen. Nennt den Mann einen Lumpen, und schon könnt ihr ihn hängen.

9 Katharsis

Ich saß auf der Veranda der ASTC-Cafeteria in Gesellschaft zweier junger nicaraguanischer Schriftsteller – Mario Martínez und Donaldo Altamirano – sowie zweier Besucher aus Osteuropa; es waren dies der bulgarische Dichter Kalin Donkowi, ein bedächtiger, schweigsamer, schwerfälliger Mann, und ein Sekretär des sowjetischen Schriftstellerverbandes, Wladimir Amlisski, ein in jeder Hinsicht gewandterer Bursche. Die Unterhaltung gestaltete sich sehr umständlich. Amlisski und Donkowi mußten sich von einem Dolmetscher ins Spanische übersetzen lassen, und die spanische Fassung wurde dann für mich von meiner Dolmetscherin ins Englische gebracht. Trotzdem, fand ich, konnte man es zumindest versuchen. Laut fragte ich: »Was kann uns Genosse Amlisski Neues über die behauptete Liberalisierung der Zensur in der UdSSR berichten?« Er nickte mehrmals hintereinander. »Es ist viel besser geworden«, sagte er. »Viele Schriftsteller und, was wichtiger ist, viele Verleger trauen sich inzwischen, sich zu sozialen Fragen offenherziger zu äußern als bisher. Ich habe selbst einige Artikel zum Thema Kriminalität verfaßt.« Und er erzählte mir auch, was für Preise er gewonnen hatte.

Es bestand kein Grund, zu vermuten, daß er die Unwahrheit sagte. »Aber«, fragte ich unbeirrt, »was ist mit *Doktor Schiwago*? Dürfen wir die Publikation dieses Romans in naher Zukunft erwarten?«

»Meiner persönlichen Meinung nach«, erwiderte Amlisski, »ist dieser Roman von Boris Pasternak, *Doktor Schiwago*, ein sehr schlechter Roman. Der Nobelpreis wurde ihm nicht aus literarischen Gründen zuerkannt.«
»Mein Lieblingsbuch ist es auch nicht gerade«, sagte ich.
»Und dieser geschmacklose Film, der daraus gemacht wurde«, fügte er hinzu.
»Gewiß«, sagte ich, »aber was auch immer man von dem Buch hält, es ist zum Symbol der sowjetischen Zensur geworden; und Sie können nicht im Ernst behaupten wollen, daß Pasternak kein nobelpreiswürdiger Schriftsteller gewesen sei.«
Amlisski nickte wiederum mehrmals hintereinander. »Ja, ich bin überzeugt, daß dieser Roman schon bald herausgebracht werden wird«, sagte er, als handele es sich um eine Nebensächlichkeit. »Und für seine Lyrik«, fuhr er fort, »würde ich ihm jeden Preis der Welt verleihen.«
Und wie verhielt es sich mit anderen Schriftstellern?
»Es wurden etliche Fehler gemacht«, sagte er, »bei einigen unserer großen Dichter: Achmatowa, Bulgakow, Pasternak. Diese Fehler werden jetzt berichtigt. Zum Beispiel im Falle Gumiljows, des Ehemanns der Achmatowa: Demnächst erscheint eine Auswahl aus seinen Gedichten.«
Mandelstam wurde mit keiner Silbe erwähnt, fiel mir auf; und der »Fehler«, der im Falle Gumiljows begangen worden war, hatte schließlich darin bestanden, daß man ihn hingerichtet hatte. Das Wort »Fehler« klang in diesem Zusammenhang reichlich unangebracht.
»Ja«, bekräftigte Amlisski, »gewisse Fehler schon.« Offen-

bar war ein Teil meiner Äußerungen bei der Übersetzung verlorengegangen.

Ich probierte etwas Neues: »Heutzutage scheint eine seltsame Schizophrenie in der russischen Literatur zu herrschen. Die meisten Schriftsteller, die man außerhalb der Sowjetunion kennt, werden im Land selbst nicht gelesen, und umgekehrt. Wie denken Sie als Schriftsteller, der im Land publiziert, darüber?«

Seine Antwort bestand darin, daß er die Dissidenten attackierte. Sie hätten aufgehört, Literaten zu sein, und seien zu Verfassern von Pamphleten geworden. Sie seien mittelmäßig. »Selbst wenn es sich so verhielte«, sagte ich, »was ich im übrigen nicht finden kann, wenn ich an Namen wie Brodski, Solschenizyn, Sinjawski oder Woinowitsch denke – aber selbst wenn es sich so verhielte, wäre bloße Mittelmäßigkeit allein kein Argument dafür, einen Schriftsteller zu verbieten. Drittklassige Schriftsteller werden schließlich überall auf der Welt veröffentlicht.«

»Ich will Ihnen meine persönliche Ansicht zu Solschenizyn sagen«, erwiderte er. »Was er heutzutage schreibt, interessiert mich überhaupt nicht. Seine Bücher sind immer schlechter geworden, und er selbst gehört inzwischen zum rechten Flügel, er ist das Gegenteil eines Literaten und äußert Ansichten wie Reagan.«

Ich sagte, daß mir viele der Dinge, die Solschenizyn, seit er im Westen lebte, geäußert hatte, nicht sehr gefielen; aber das mußte man doch von seinem Format als Autor insbesondere des *Archipel Gulag* trennen können, nicht wahr?

»Ich will Ihnen meine persönliche Ansicht zu diesem Buch *Archipel Gulag* sagen«, erbot sich Amlisski. »Sie müssen wissen, daß viele unserer großen klassischen Autoren die Form der Tragödie benutzt haben, wo schreckliche Dinge getan und gesagt werden, aber am Ende gibt es immer eine Katharsis, eine seelische Läuterung. Aber bei Solschenizyn fehlt die Katharsis. Und deshalb mache ich mir nichts aus seinen Büchern.«

Ich machte den Mund auf, um zu bedenken zu geben, daß das Fehlen der Katharsis in Solschenizyns Werk vielleicht eher der russischen Geschichte zuzuschreiben sei als einem schriftstellerischen Defizit, aber an diesem Punkt merkte ich, daß die nicaraguanischen Schriftsteller verwirrt und ratlos dreinblickten. »Die Sowjetunion ist ein Land, das mit vielen großen Schwierigkeiten kämpft«, sagte Mario Martínez. »Es ist interessant zu erfahren, wie sie aus den Fehlern der Vergangenheit lernt.«

Später stellte mir eine der Dolmetscherinnen eine Frage von atemberaubender Naivität: »Was ist ein Arbeitslager?«

»Was ein Arbeitslager ist?« wiederholte ich ungläubig.

»Oh, ich weiß, was Sie sagen wollen«, sagte sie. »Sie meinen, etwas Ähnliches wie ein Konzentrationslager, nicht wahr? Aber wollen Sie wirklich behaupten, daß es solche Dinge in der Sowjetunion gibt?«

»Äh«, stotterte ich, »hm, ja.«

»Aber wie ist so etwas möglich?« fragte sie bekümmert. »Die Sowjetunion ist so gut zu Ländern der Dritten Welt. Wie können sie dann zu Hause solche Dinge tun?«

In Nicaragua trifft man oft auf diese Unschuld und Ahnungslosigkeit. Einer der Nachteile des romantischen Klangs des Wortes »Revolution« besteht darin, daß diese

Romantik zu einer pauschalen Billigung jeder selbsternannten revolutionären Bewegung verführen kann. Donaldo Altamirano erzählte mir von seiner tiefempfundenen Solidarität mit der IRA.

Nun begann Kalin Donkowi, der den ganzen Abend ein bedeutungsschweres Schweigen gewahrt hatte, so unbeirrbar wie eine Dampfwalze über bulgarische Dichtung zu dozieren. »Unsere Dichter sind Märtyrer«, verkündete er. »Wußten Sie, daß das Symbol unseres Schriftstellerverbands ein Pegasus mit einer Schußwunde in der Brust ist? Der erfolgreichste Band moderner Lyrik in Bulgarien ist eine Anthologie toter Dichter. Und das ist nicht verwunderlich. Wenn Dichter mit dem Volk mitleiden, kommt das ihrem Schreiben zugute.«

Martínez und Altamirano bezeugten lebhafte Zustimmung. Die Parallelen zu Nicaragua waren nicht zu übersehen. Die Geister der hiesigen Dichter und Märtyrer hielten Einzug in die Cafeteria des ASTC-Verbands und leisteten uns Gesellschaft – zum Beispiel der Geist von Leonel Rugama, der einst im Café India Geschichten über seinen verrückten Onkel aus Macondo am Fuße des Momotombo-Vulkans erzählt hatte, der im Alter von zwanzig Jahren ums Leben gekommen und überzeugt gewesen war, daß die Revolution »eine Vereinigung mit der ganzen Menschheit« sei.

Das ist eine edle, romantische Vorstellung, sagte ich zu Rugamas Geist. Aber die Bildung eines Nationalstaats erfordert leider prosaischere Dinge – unter anderem die Fähigkeit, zwischen der PLO und der IRA unterscheiden zu können.

Ich fragte mich, ob Nicaraguas Geister es den Lebenden gestatten würden, solche Unterscheidungen zu treffen. Auf der einen Seite die schwärmerische Verklärung der Toten, auf der anderen Seite die mächtige amerikanische Faust. Das konnte in eine ausweglose Situation münden.

10 Markttag

Der argentinische Schriftsteller Julio Cortázar hatte eine große Vorliebe für Nicaragua und besuchte das Land oft. Wenn er in Managua war, suchte er am liebsten die Märkte auf. Zusammen mit Tomás Borge wanderte er dann über den alten *mercado oriental*, der in den Ruinen der Innenstadt entstanden war. Sie müssen ein befremdliches Paar abgegeben haben, der riesenhafte Julio neben dem winzigen Tomás. Nicaragua erwiderte Cortázars Zuneigung, und seine Menschen liebten ihn. Der Autor des teuflisch esoterischen und schwierigen Werkes *Rayuela* (die spanische Bezeichnung für das Himmel-und-Hölle-Spiel) hatte mit vielen Marktleuten auf dem Duzfuß gestanden. Jetzt war auch er tot.

Als die großen überdachten Märkte wie der Mercado Roberto Huembes gebaut wurden, wollten die Händler ihre Standplätze auf dem orientalischen Markt nicht aufgeben. Sie fürchteten, daß ihre Kunden sie in den neuen Gewölben nicht wiederfinden würden. Daniel Ortega mußte sich mit den Händlern treffen, und stundenlang riefen alte Weiber ihm zu: Wir bleiben hier, wir wollen hier nicht weg. Aber ein paar probierten es dann doch, andere folgten ihnen, und inzwischen gab es nur mehr wenige Stände auf dem orientalischen Markt.

Auf dem Roberto-Huembes-Markt baumelten riesige rosa Hasen von der Decke. Das waren *piñatas* für Kinderpartys, buntbemalte Tongefäße, die mit Süßigkeiten gefüllt an der Decke aufgehängt werden; die Kinder schlagen mit Stöcken danach, bis die *piñatas* zerbrechen und die Süßigkeiten herabregnen. Kleine Mestizinnen betrachteten die *piñatas* sehnsüchtigen Blickes.

Aber sofort wurden sie abgelenkt. Zum Klang von Trommeln hüpfte die *gigantona* vorbei, die tanzende Riesin, die fast drei Meter groß war, mit wackelnden Hüften und einem Gesicht aus einer Maske mit riesigen Augen. Die Kinder rannten hinterher und ich mit ihnen. Die Riesin tanzte an einer Mauer vorbei, an der Karikaturen klebten: Kardinal Obando y Bravo kniete vor Uncle Sam und bat ihn um seinen Segen, und Uncle Sam sagte zu ihm: Okay, Baby, du bist ein Contra, ich bin ein Contra, Gott ist auf deiner Seite. Niemand (außer mir) beachtete die Karikaturen. Alle folgten der tanzenden Riesin, die viel spannender war.

In den einzelnen Abteilungen des Markts konnte man Möbel, Kunsthandwerkserzeugnisse, Schuhe, Haushaltsartikel und Lebensmittel kaufen – ungefähr alles, was trotz Güterverknappung (und Inflation) erhältlich war. Manche Schuhe kosteten mehr als das Monatsgehalt eines Büroangestellten. Fleisch, Getreide, Öl, Kartoffeln und Bohnen waren sehr rare Artikel. Entsprechend zahlreiche Klagen bekam ich zu hören, während ich über den Markt schlenderte. Daß die Regierung am meisten beschimpft wurde, war kein Wunder. Die Leute auf dem Markt wußten, daß man nicht alle Mißstände auf den Krieg schieben konnte. Erst vor kurzem waren zwanzigtausend Pfund Rindfleisch in regierungseigenen Lagerhäusern verdorben, weil sie nicht gekühlt worden waren. Und das Malheur mit den zweihunderttausend toten Hühnern war auch kein Ruhmesblatt. Und natürlich regten die Leute sich über die überzogenen Preise auf. Inzwischen konnte man sich kaum mehr eine Flasche Haarwaschmittel leisten.

Weil Nicaragua ein fruchtbares Land war, mußte niemand Hungers sterben. Der Früchtereichtum würde immer das Schlimmste verhindern, und meinem in Indien geschulten Auge kam das, was ich auf dem Roberto-Huembes-Markt sah, nicht wie richtige, drückende Armut vor. Aber diese Argumentation, daß es irgendwo immer jemanden gibt, der noch schlechter dran ist, war weder besonders überzeugend noch besonders angemessen. In Managua herrschte echte Not, und es fielen harte Worte.

Viele ausländische Beobachter, die Roberto Huembes und andere Märkte aufgesucht hatten, hatten aus diesen Beschwerden geschlossen, daß das Volk sich von den Sandinisten abgewendet hatte. Mir wollte das nicht so scheinen. Zweifellos wurde die FSLN mit Vorwürfen überhäuft, aber wenn man die Leute fragte: Was soll die Regierung tun? Soll sie mit der Contra verhandeln, soll sie sich mit den USA arrangieren, soll sie den Frieden gerichtlich einklagen?, dann fielen die Antworten ganz anders aus: Nein, nein, das konnte man nicht tun. Der Krieg mußte weitergehen.

Die *gigantona* tanzte die Gasse der Schuster entlang und war nicht mehr zu sehen. Ich ging nach Hause, und später am selben Tag las ich von einem anderen Sagengeschöpf. In einem Interview erzählte Omar Cabezas, daß er als Kind an Stelle der Phantasiefreunde, die manche Kinder erfin-

den, bis zum Alter von achtzehn Jahren einen ganz und gar eingebildeten Hund besessen hatte. Seine Freunde hatten sich im Lauf der Zeit mit dem Hund angefreundet, und bisweilen lieh sich der eine oder andere den Hund sogar für ein paar Tage aus. »Es war eine richtige Gruppenspinnerei«, sagte Cabezas, »die ich da in Gang gesetzt hatte.« Leonel Rugama, der Dichter, gehörte zu den Hundefreunden. Eines Tages lieh Cabezas ihm ein Buch, das er nie zurückbekam. Als er Rugama fragte, was er mit dem Buch angestellt habe, antwortete Rugama: »Der verdammte Köter hat es zerfetzt!«
Ein anderer Hundefreund war ein junger Revolutionär namens Roberto Huembes. Wie Rugama kam auch Huembes bei den Aufständen um, und heute war Roberto Huembes ein überdachter Markt. Selbst der Hund war tot. »Eines Tages«, erklärt Cabezas, »wurde er von einem Auto überfahren.«

11 El Señor Presidente

Als ich am Abend des 24. Juli Daniel Ortegas Haus betrat, war Miguel d'Escoto bereits da; sein Rücken schmerzte etwas weniger als bei unserem letzten Treffen. Soeben hatte man vom Überfall noch unbekannter Angreifer auf eine Art »Gipfeltreffen« der Contra mitten in der honduranischen Hauptstadt Tegucigalpa erfahren. Es hieß, einige der FDN-Führer seien verwundet. »Der Überfall beweist, wie ungehindert die Contra sich in Honduras bewegen darf«, sagte d'Escoto. »Die Versammlung fand in einem Gebäude in der Nähe der Residenz des Präsidenten statt. Ohne Einverständnis der honduranischen Regierung wäre das nicht möglich gewesen.« Wer stand hinter dem Überfall? Pater Miguels Miene war unergründlich. »Natürlich macht man uns dafür verantwortlich.«

Weitere Gäste trafen ein, und bald waren die führenden Dichter und Intellektuellen des Landes versammelt: Rocha, dem ich in der Nationalversammlung begegnet war, Silva, der ein Kinderkrankenhaus leitete, und Claudia Chamorro, die nicaraguanische Botschafterin in Costa Rica. Ernesto Cardenal erschien mit seinem gewohnten Lächeln, seiner Baskenmütze, seinem Bauernkittel und seinen Jeans. Auch Carlos Martínez Rivas zeigte sich – um ihn hatte man sich bereits Sorgen gemacht. Martínez Rivas, ein Dichter, der für seine gigantischen Sauftouren berüchtigt war, die häufig in der Klinik endeten, hatte wieder zu trinken angefangen; als er jetzt nüchtern mit Sergio Ra-

mírez erschien, ging ein hörbares Aufatmen durch die Runde. Martínez Rivas galt vielen als der eigenwilligste, originellste Lyriker Nicaraguas. »Übersetzungen sind ihm verhaßt«, hatte Cardenal mir erzählt. »Für ihn ist das Übersetzen eine Art Meuchelmord.« Mit seiner lautstarken guten Laune, den leichten Hängebacken und dem Buschhemd, das an den Knöpfen ein bißchen spannte, erinnerte er mich an einen verstorbenen Lieblingsonkel.
»In der Suppe ist Wein«, sagte er streng zu Rosario Murillo. »Was hast du mit mir vor? Willst du mich zum Alkoholiker machen?«
Auch José Coronel Urtecho war gekommen, ein hochaufgeschossener, sanftmütiger Mann mit einer gewissen Ähnlichkeit mit Jacques Tati. Als der verbale Schlagabtausch zwischen Martínez Rivas und Cardenal einsetzte, der den ganzen Abend andauern sollte, flüsterte er mir zu: »Die beiden sind die größten Dichter Lateinamerikas.« Coronels Bescheidenheit war ebenfalls nicht gering zu veranschlagen; sein Ruf als Dichter konnte sich mit dem ihren durchaus messen.

Rosario Murillo berichtete mir von ihrer letzten Reise mit Daniel nach New York. Sie hatten sich entschlossen, sich unmittelbar an das amerikanische Volk zu wenden, das, wie Meinungsumfragen erwiesen hatten, in seiner Mehrheit mit Reagans Lateinamerikapolitik nicht einverstanden war. Rosario Murillo war deshalb in Phil Donahues Fernsehsendung aufgetreten, und Daniel war von Fernsehkameras beim Joggen im Central Park aufgenommen worden. »In dieser Hinsicht war alles prima abgelaufen«, sagte sie.

»Nach der Donahue-Sendung winkten einem die Leute auf der Straße zu und riefen *Viva Nicaragua*.« Sie hatte es sogar fertiggebracht, sich Nancy Reagan auf einer öffentlichen Veranstaltung vorzuknöpfen, und ihr vorgeschlagen, ob sie beide nicht versuchen sollten, ein paar Dinge ins Lot zu bringen, woraufhin Nancy etwas Unverständliches gestottert hatte und im Handumdrehen von ihren Wärtern wegbugsiert worden war.

»Und dann sagte Daniel, daß er eine neue Brille brauchte.« Rosario hatte amerikanische Freunde gebeten, in aller Stille einen Termin bei einem Optiker in die Wege zu leiten, und diese (sehr wohlhabenden) Freunde hatten darauf bestanden, die neue Brille Präsident Ortega zum Geschenk zu machen. Als Daniel und Rosario aus dem Optikerladen traten, mußten sie zu ihrem Verdruß feststellen, daß die Presse draußen bereits wartete. Am nächsten Tag konnte man sich in den New Yorker Zeitungen ausführlich darüber informieren, daß der Präsident des verarmten Nicaragua im Brillengeschäft dreitausendzweihundert Dollar ausgegeben hatte. »So viel Geld«, sagte Rosario. »Nie hätte ich mir träumen lassen, daß Brillen so teuer sein können. Wir haben zwar mehrere Brillen gekauft, auch Sonnenbrillen für die Kinder, weil man hier keine bekommt, aber trotzdem! Und außerdem hat uns das Ganze keinen Cent gekostet, aber das stand natürlich nicht in den Artikeln.« Der Skandal um die Brillen war nicht spurlos an ihnen vorübergegangen. »Sie machen sich keine Vorstellung davon, wie sehr wir auf jeden Schritt achten müssen, wenn wir dort sind. Vom frühen Morgen bis spät in die Nacht rennen wir von Verabredung zu Verabredung, und wir gehen nie essen. Es gibt immer nur chinesische Fertigmenüs auf dem Hotelzimmer. Und dann auch noch die Geschichte mit den Brillen, das setzte dem Ganzen die Krone auf.«

Daniel Ortega trat ein, mit seiner sonderbaren Mischung aus Selbstvertrauen und Schüchternheit. Er setzte sich neben mich – wir saßen alle in den hölzernen Schaukelstühlen um einen langen, niedrigen Tisch, der auf einer der Terrassen gedeckt worden war – und begann über Politik zu sprechen, ohne sich mit einer Einleitung aufzuhalten. In zwei Tagen wollte er vor dem Sicherheitsrat der Vereinten Nationen sprechen und die USA auffordern, sich an das Urteil von Den Haag zu halten. Etwas Interessantes war geschehen. Eine Gruppe katholischer Prälaten aus den Vereinigten Staaten hatte ihn angeschrieben, um eine Begegnung mit ihm während seines Aufenthalts in den USA zu vereinbaren. »Das wird eine unserer wichtigsten Begegnungen sein. Vielleicht wollen sie vermitteln.«

»Im Fall der Abschiebung von Bischof Vega?« fragte ich.

»O nein.« Ortega wehrte entschieden ab. »Vega ist *Cia*. Er steht völlig auf der Seite der Konterrevolution. Er hat unglaubliche Dinge gesagt, Dinge, die man nur als Hochverrat bezeichnen kann; er hat in aller Öffentlichkeit die Contra-Aggression unterstützt.«

»Und was ist mit Carballo?« erkundigte ich mich. Carballo war der andere ausgewiesene Priester. Ortega zeigte sich genauso unnachgiebig wie vorher. »Carballo war Obando y Bravos Alter ego, nur war er zu unvorsichtig. Obando hat es bis jetzt besser verstanden, seine Zunge im Zaum zu halten.«

Das Gespräch drehte sich nun um die Bischöfe, die in Nicaragua geblieben waren. Ortega meinte, das Problem mit ihnen bestehe darin, daß sie so engstirnige und provinzlerische Ansichten hätten. »Der Aufgeschlossenste ist der von Estelí, auch der von Bluefields, Schmitt, ist okay. Die übrigen ... Wir haben Diskussionen mit ihnen angefangen, gewiß. Wir haben zu ihnen gesagt, wir verstünden, daß sie sich durch uns, durch die Revolution bedroht fühlten. Also sollten sie uns sagen, wovor sie sich fürchteten, und wir wollten sehen, ob man nicht zu einem Konsens gelangen konnte. Und wir haben ihnen auch gesagt, daß wir sie zu verschiedenen politischen Entscheidungen konsultieren wollten, bevor wir sie publik machten. Zum Gesetz über die staatliche Fürsorge zum Beispiel, und auch zu anderen Dingen – sogar zu militärischen Entscheidungen.« Aber die Bischöfe wollten oder konnten, sagte er, nicht auf diese Vorschläge eingehen. »Statt dessen zog irgendeiner von ihnen einen Zettel aus der Tasche, auf dem alles aufgelistet war, was ihm in seiner Gemeinde Sorgen bereitete, und dann zog der nächste seinen Zettel aus der Tasche, und endlos so weiter. Sie kamen alle mit ihren privaten Kummerkästen daher. Wir hatten ihnen gesagt, diese Fragen sollten sie mit den regionalen Behörden lösen. Aber sie können einfach nicht in nationalen Maßstäben denken.« Seiner Ansicht nach waren sich die Bischöfe keineswegs einig. »Sie können sich oft nicht zu einem einheitlichen Standpunkt zu einer Sache durchringen. Aber Obandos Erklärungen klingen immer so, als sei das der Fall.«
Obando y Bravos theologische Ausbildung, sagte Ortega, sei von einem Vertrauten Somozas finanziert worden, ei-

nem gewissen Guerrero, der »Doktor Chinin« geheißen hatte, weil er mit diesem Medikament Geschäfte machte. Später verhalf Somoza Obando zu einem Haus, einem Bankkonto und einem Mercedes. (Es gab ein peinliches Foto, auf dem Obando und Somoza sich umarmten.) »Um das Auto wurde ein großes Tamtam gemacht, weil es so auffällig war. Zu guter Letzt gab er es zurück, aber für diese Entscheidung brauchte er immerhin neun Monate. Damals wußte niemand von dem Haus und dem Konto. Wir wußten es auch nicht; wir kriegten das erst raus, als wir an die Macht kamen und die Unterlagen einsehen konnten. Wir sagten uns, daß es ein Schuß nach hinten wäre, wenn man gegen Obando vorginge. Deshalb befinden sich diese Dinge noch immer in seinem Besitz.«

Er grinste. »Das Komische dabei ist: er und ich, wir stammen aus demselben Dorf. Obandos Familie kannte ich durch meine Mutter.«

1974 wendeten sich die Geschicke der FSLN, um die es damals nicht zum besten stand, durch einen aufsehenerregenden Coup. Am 27. Dezember besetzten sandinistische Einheiten bei einem Kostümfest das Haus Chema Castillos, eines Somoza-Freundes, und nahmen Botschafter und hohe Staatsbeamte gefangen. Somoza mußte wohl oder übel ihre Bedingungen akzeptieren. Sandinistische Bekanntmachungen wurden über Radio und Fernsehen verbreitet, eine Anzahl politischer Gefangener auf freien Fuß gesetzt, und ein Lösegeld in Höhe von zwei Millionen Dollar wurde bezahlt. (Die Einheiten hatten ursprünglich fünf Millionen gefordert, aber zwei waren auch nicht übel.)

Der Zwischenhändler, der zwischen den Guerillas und Somoza verhandelte, war niemand anderer als Obando y Bravo. Und einer der befreiten Gefangenen war Daniel Ortega.

»Obando begleitete uns im Flugzeug nach Kuba«, erinnerte sich Ortega. »Ich ging zu ihm hin, um mit ihm zu reden, weil unsere Familien miteinander bekannt waren und so weiter. Aber ich bekam den Eindruck, daß er furchtbare Angst hatte. Ich fragte ihn, was mit ihm los sei, und schließlich sagte er: ›Glauben Sie, daß Somoza eine Bombe in diesem Flugzeug versteckt hat?‹ Es war wirklich beschämend; er hatte Angst, daß man ihn opfern könnte.« Der soeben aus dem Gefängnis entlassene Ortega mußte ihm Mut machen. »Ich erzählte ihm, unsere Leute hätten das Flugzeug durchsucht und wir seien überzeugt, daß keine Bombe an Bord sei. Aber nach kurzer Zeit hatte er wieder Angst. Diesmal sagte er: ›Meinen Sie, man wird mich verhaften, wenn wir auf Kuba landen?‹ Es war nicht zu glauben. Ich sagte: ›Glauben Sie im Ernst, daß Fidel Sie einbuchten will?‹ Es zeigte, wie provinzlerisch seine Vorstellungen waren.«

Ich brachte die Diskussion zum Ausgangspunkt zurück. »Was werden die US-Bischöfe Ihnen anbieten? Was vermuten Sie?«

»Sie werden natürlich ihre eigenen Punkte zur Tagesordnung haben – Vega und ähnliches. Aber vielleicht wollen sie zwischen uns und dem Vatikan vermitteln.«

»Glauben Sie wirklich, daß der Vatikan bereit sein könnte, sich mit Ihnen zu verständigen?«

»Möglich wäre es. Es spricht manches dafür. Zu der Zeit,

als ich mich weigerte, Obando zu empfangen, war Sergio in Rom. Bevor er abreiste, sagte der päpstliche Nuntius in Managua, daß der Papst Sergio unter den gegebenen Umständen auf keinen Fall empfangen könne. Und dennoch hat der Papst Sergio empfangen, und sie hatten ein konstruktives Gespräch.« Das ließ mich aufhorchen. Vielleicht hatte der Papst tatsächlich erkannt, welches Ausmaß die Gefährdung seiner Autorität in Mittelamerika erreicht hatte, und hatte beschlossen, den Gott der Armen zu besänftigen und Frieden mit ihm zu schließen, wenn er ihn schon nicht vernichten konnte.
Ich befragte Ortega zu seiner bevorstehenden Reise zum Sitz der Vereinten Nationen: »Wahrscheinlich werden die USA von ihrem Vetorecht im Sicherheitsrat Gebrauch machen.«
»Das ist anzunehmen«, stimmte Ortega zu, »aber dann wollen wir vor die Vollversammlung gehen und die Sache dort austragen.«
Würde Nicaragua den Vorschlag, die USA vor US-Gerichten auf Schadenersatz zu verklagen, aufgreifen? »Zum jetzigen Zeitpunkt«, sagte Ortega bedächtig, »wollen wir noch nicht unterstellen, daß die USA das Urteil von Den Haag nicht respektieren. Wir müssen ihnen die Chance geben, das Urteil anzunehmen.«

Es gab eine Unterbrechung: einen Streit zwischen den versammelten großen Dichtern. Carlos Martínez Rivas holte zu einem Angriff auf Ernesto Cardenals Lyrikworkshops aus, in denen der Mann von der Straße – Cardenal wies besonders gern auf die zahlreichen Polizisten hin, die sich beteiligten – Gedichte schreiben und darüber diskutieren konnte. Cardenal war sichtlich stolz auf diese Workshops (drei Jahre zuvor hatte ich auf einem Schriftstellerkongreß in Finnland gehört, wie er sie über den grünen Klee lobte), aber Martínez Rivas war alles andere als ein zimperlicher Kritiker. »Die Lyrik in Nicaragua stagniert«, polterte er los. »Kein Mensch liest sie mehr. Die Leute schlagen *Ventana*« (die Literaturbeilage der *Barricada)* »nur dann auf, wenn etwas von ihnen drinsteht. Und dann lesen sie nur ihre eigenen Gedichte. Seit es diese Workshops gibt, klingt alles identisch, was dort fabriziert wird. Niemand versucht, etwas Neues zu finden, niemand sucht nach einer neuen Sprache.«

Ich hatte ein paar Produkte der Workshops gelesen und konnte daher Martínez Rivas' Position verstehen, aber ich hütete mich davor, mich einzumischen. Cardenal behielt sein wohlwollendes Lächeln bei, aber es wirkte wesentlich weniger herzlich als vorher. Zwischen den beiden schwelte seit Jahren ein Streit. Sie hielten sich beide tapfer, wurden nie ausfallend, machten immer Witze, aber der Streit war trotzdem kein Witz. Aus dem Publikum feuerte Sergio Ramírez sie boshaft an und versuchte, Coronel in die Händel hineinzuziehen, aber dieser ließ sich nicht dazu hinreißen. Rivas begann, Cardenal mit seiner Vielschreiberei aufzuziehen. »Ich erinnere mich, daß ich einmal vor Jahren gebeten wurde, innerhalb von zwei Wochen ein Gedicht für irgendeine Fiesta zu schreiben. Der Gewinner durfte die Festkönigin wählen. Ich sagte: Wie soll ich in zwei Wochen ein Gedicht schreiben? Geht zu Cardenal.

Das taten sie, und er hatte ein Gedicht in der Schublade, das er ein bißchen umformulierte, und er gewann den Preis. Ich sagte: Wie kannst du etwas verwenden, was du vorher zu einem ganz anderen Anlaß geschrieben hattest? Aber jedenfalls gewann er den Preis. Also sagte ich, da ich ihm gewissermaßen den Preis verschafft hätte, müßte er mich die Königin wählen lassen. Er bekam den Preis, und ich suchte das Mädchen aus.«

Bei diesen boshaften Geschichten aus dem alten Managua fiel mir ein anderer Anlaß ein, zu dem Cardenal ein altes Gedicht für einen neuen Zweck umformuliert hatte. Er hatte ein Gedicht über den Tod Sandinos und darüber, daß man nicht wußte, wo er begraben war, entworfen. Dann, 1954, mißglückte ein Versuch, Anastasio Somoza García, den damaligen Diktator, gefangenzunehmen. Einem der Verschwörer, Pablo de Léal, wurde die Zunge herausgeschnitten, bevor man ihn tötete. Ein anderer, Adolfo Báez Bone, sei, so hieß es, kastriert worden. Der eifrigste Folterknecht war Anastasio Somoza Debayle, der später der letzte Diktator seines Geschlechts war. Als Cardenal von den Geschehnissen erfuhr, beschloß er, sein Gedicht auf Báez Bone umzumünzen:

Grabschrift für Adolfo Báez Bone

> Sie brachten dich um und sagten uns nicht,
>   wohin sie dich legten,
> doch jetzt ist das Land der Nation dein Grab,

> oder besser: in jedem Staubkorn des Landes,
>   auch dort, wo du nicht bist,
> erstehst du zum Leben.
> Sie glaubten, sie könnten dich morden
>   mit dem Befehl »Feuer«!
> Sie glaubten, sie könnten dich unter die Erde
>   bringen,
> aber sie legten nur in die Erde die Saat.

Als die Gäste gegangen waren und der Sturm sich gelegt hatte, stellte ich Daniel Ortega noch ein paar Fragen. Zuerst mußte ich mir allerdings von ihm sagen lassen, was er vom Verbot von *La Prensa* hielt. »Sie können alles tun, was ihnen gefällt, aber sie dürfen nicht für Reagan und die Contra werben. Das ist der entscheidende Punkt. Sie sind zu weit gegangen. Was hätten wir tun sollen? Sie vor Gericht stellen? Das hätte uns zuviel schlechte Presse beschert. Folglich blieb uns nichts anderes übrig, als die Zeitung zu verbieten.«

Ich sagte: »Darüber möchte ich genauer Bescheid wissen. Mir wurde erklärt, die Schwierigkeiten mit *La Prensa* hätten darauf beruht, daß die CIA sie finanzierte und kontrollierte. Aber Sie sagen jetzt, daß es um inhaltliche, redaktionelle Standpunkte ging.«

Ortega antwortete: »Wir befinden uns in einem Krieg. Im Frieden hätte niemand etwas dagegen, wenn *La Prensa* Geld von der CIA nähme – was sie getan haben – und den USA nach dem Munde reden würde. Kein Problem. Und wenn sie die Befreiungsfront angreifen wollen, auch kein Problem. Aber jetzt geht so etwas nicht. Unsere Feinde

machen sich diese Zeitung zunutze.« Schon wieder das Argument von der inneren Front. Die Furcht vor einer Wiederholung dessen, was in Chile geschehen war. Unter den Phantomen Nicaraguas waren zwei besonders düstere Gespenster, dachte ich. Edén Pastora, die Leiche im Keller, und Salvador Allende, die vielleicht wichtigste politische Figur in Nicaragua (natürlich nach Sandino).
Ich fragte: »Ich habe viele Leute sagen hören, daß sie eine US-Invasion für unvermeidbar halten. Was halten Sie davon?«
Ortega: »In diesem Punkt gibt es hierzulande einen gewissen Fatalismus. Die Lage an der Grenze ist sehr kritisch. Vieles könnte als Vorwand für eine Invasion dienen. Im März haben wir zum Beispiel die Grenze nach Honduras überschritten, um Stützpunkte der Contra anzugreifen. Die honduranische Regierung wußte, daß wir dort waren, sie wußte, warum wir dort waren, und sagte nichts. Es war okay. Aber die USA machten ein Mordstheater und schafften Truppen und Geschütze an die Front, als wir bereits wieder auf dem Rückzug waren. Am Ende schickte uns die Regierung von Honduras eine Protestnote, weil die USA so starken Druck auf sie ausübte. Heute ist unsere Lage schlechter als je zuvor, denn bald wird der Kongreß die Anwesenheit von US-Beratern legalisiert haben. Wenn wir dann einen Hubschrauber abschießen, und ein US-Bürger kommt ums Leben, könnte es als Provokation unsererseits ausgelegt werden. Im März kam ein US-Bürger um, aber da er sich illegalerweise hier aufhielt – illegal im Sinne des Kongresses –, konnte Reagan nichts daraus machen.

Am siebten Jahrestag der Befreiung haben wir die Feier absichtlich in Estelí abgehalten, um unsere Entschlossenheit zu demonstrieren. Als wir die zwei Contra-Einheiten zurückschlugen, die sich an der Grenze gesammelt hatten, befürchtete die Regierung von Honduras, wir könnten wie im März die Grenze übertreten, um sie zu verfolgen. Sie trat tatsächlich in Verbindung zu uns, um uns zu warnen, weil die USA sich vorgenommen hatten, einen solchen Grenzübertritt als Signal zu nehmen und uns anzugreifen. Es war ganz eindeutig. Mit einem Angriff ist also jederzeit zu rechnen.«

Ich fragte: »Sind Sie auch der Ansicht, daß Ihr Land allmählich isoliert wird infolge der massiven Aufwendungen, mit denen die USA die Nachbarländer ›entschädigen‹?«

Ortega: »Es ist gar nicht so leicht für die USA, uns zu isolieren. Die Völker in Mittelamerika wissen, daß ein Krieg hier sich schnell ausbreiten und auf ganz Mittelamerika ausdehnen würde. Die USA haben versucht, Honduras, Costa Rica und El Salvador dazu zu bewegen, mit uns zu brechen – wie jeder weiß –, und vielleicht wird es ihnen auch gelingen. Aber selbst Costa Rica hat trotz allem immer noch Vorbehalte.«

Ich fragte: »Wer trägt die Verantwortung für den heutigen Überfall auf die Contra in Tegucigalpa?«

Ortega: »Wir vermuten, daß es ein paar Guerillas waren. Aber daß fünfzig Contra-Führer sich so nahe der Residenz des Präsidenten versammeln konnten, das hat das Volk von Honduras zweifellos beunruhigt.«

Ich fragte: »Eine Frage zur Wirtschaft: Wenn man den

enormen Druck bedenkt, der auf sie ausgeübt wird, wie lange läßt sich ihr Zusammenbruch noch vermeiden?«
Ortega: »In dieser speziellen Situation, mitten im Krieg, finden wir den Begriff Zusammenbruch nicht gut gewählt. Sie dürfen nicht vergessen, daß unser Volk nie im Reichtum gelebt hat, und das Existenzminimum konnte bisher garantiert werden. Wir konnten unsere landwirtschaftliche und industrielle Basis sogar geringfügig verbessern.«
Ich fragte: »Aber wollen Sie im Ernst behaupten, Ihr Land könne bis in alle Ewigkeit so weitermachen – bei einer Inflationsrate von fünfhundert Prozent, einem fast völligen Investitionsstop und einem Haushaltsdefizit, das vierzig Prozent der Regierungsausgaben ausmacht?« Die letzten Zahlen aus der Wirtschaft waren ziemlich verheerend gewesen: laut den Angaben der Wirtschaftskommission für Lateinamerika (CEPAL) in Santiago war das Bruttosozialprodukt Nicaraguas um drei Prozent gesunken, ein fünfprozentiger Produktionsrückgang in der industriellen Produktion zu verzeichnen und der Passivsaldo in der Außenhandelsbilanz weiter gestiegen. Die Baumwollerzeugung hatte unter Schädlingsbefall und schlechtem Wetter gelitten und war um neunzehn Prozent zurückgegangen. Niedrige Weltmarktpreise und Dürre hatten die Einnahmen aus dem Kaffee-, Zucker- und Baumwollexport gemindert (und ein Großteil der Kaffee-Ernte war im voraus zu den Preisen von 1985 verkauft worden, so daß man vom Anstieg der Kaffeepreise 1986 nicht profitieren konnte).
Ortega lachte betreten. »Nun ja, bis jetzt haben wir es

geschafft, irgendwie über die Runden zu kommen, und wir wollen hoffen, daß wir es auch in Zukunft schaffen. Die Preise von etlichen Grundnahrungsmitteln und -bedarfsartikeln sind subventioniert – Getreide, Öl, Seife, Bohnen, landwirtschaftliche Geräte und ähnliches. Natürlich in begrenzten Mengen. Die übrigen Preise mußten wir steigen lassen, und sie sind in astronomische Höhen geklettert. Aber auf der Ebene des Grundbedarfs ist die Inflation eingedämmt.«

Ich fragte: »Sie berufen sich gern auf das Urteil von Den Haag – verständlicherweise. Aber viele westliche Berichterstatter spielen es herunter und halten das Verbot von *La Prensa* und die Ausweisung der Priester dagegen, rechnen das eine sozusagen gegen das andere auf. Wie können Sie darauf hoffen, die Auseinandersetzung zu Ihren Gunsten zu entscheiden, wenn – ob zu Recht oder zu Unrecht – die westlichen Medien den Schiedsspruch von Den Haag offenbar anders bewerten, als Sie es tun, und ihm nicht den entsprechenden Platz einräumen?«

Ortega antwortete: »Wir wissen, daß die Menschen Europas und der Vereinigten Staaten unseren Problemen viel Verständnis entgegenbringen. Wir müssen dafür sorgen, daß sie auch weiterhin von unserer Lage erfahren.« Noch mehr Joggen fürs Fernsehen, noch mehr Politik auf der Ebene von Talk-Shows. Das zwanzigste Jahrhundert war ein eigenartiger Ort.

Es war ein Uhr morgens geworden: Zeit, sich zu verabschieden. Als ich Rosario Murillo auf Wiedersehen sagte, wirkte sie, als würde sie sich bereits in Gedanken auf die chinesischen Fertigmenüs in Manhattan gefaßt machen.

»Das einzige in New York, worauf ich mich jedesmal freue«, sagte sie tapfer, »ist der Joghurt.«
»Tatsächlich?«
»O ja. Der herrliche Joghurt. Das einzige, was mir abgeht.«
»Viel Spaß beim Joghurtessen«, sagte ich, und dann wünschte ich beiden viel Erfolg in New York. Beim Gehen murmelte ich Rosario zu: »Und machen Sie einen Bogen um Optikerläden.«

Auf dem Nachhauseweg beschäftigte mich die Beobachtung, daß ich Daniel Ortega den ganzen Abend über keinen einzigen Bissen zu sich nehmen gesehen hatte. Ich hatte neben ihm gesessen, und er hatte keine der Delikatessen unseres Mahls angerührt, nicht einmal das Schildkrötenfleisch. (Das überraschend fest und wohlschmeckend gewesen war – wie eine Kreuzung zwischen Rindfleisch und Wild. Die Schildkröten waren übrigens während der Brutzeit geschützt und durften nur ein paar Monate im Jahr über in begrenzten Mengen gefangen werden.)
Ich erfuhr später, daß er für diese Marotte bekannt war; es konnte ein Zeichen seiner Nervosität sein oder, was mir wahrscheinlicher erschien, ein Versuch, sich von den anderen abzusetzen, sich zu stilisieren.
Und wer weiß, ob nicht *el señor Presidente*, wenn niemand hinsah, in die Küche schlich und sich heimlich mit allem möglichen vollstopfte.

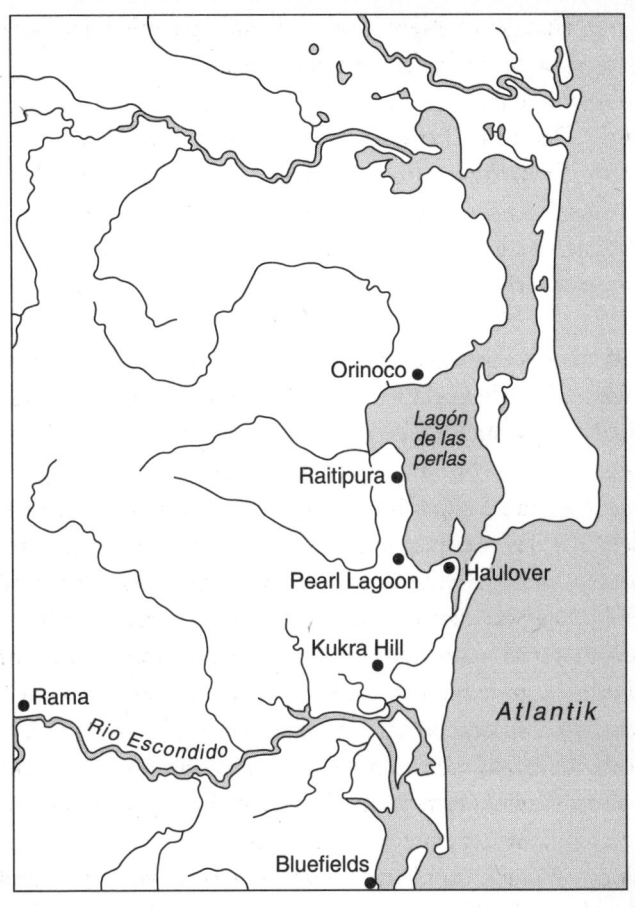

12 Die andere Seite

> Rub me belly skin (O mama)
> Rub me belly skin (O baby)
> Rub me belly skin
> With castor oil ...

Die Musik der lokalen Gruppe »Rundown«, die aus einem voll aufgedrehten Ghettoblaster dröhnte, hieß mich in Bluefields an Nicaraguas Atlantikküste willkommen. Die *costeña-Musik*, Nicaraguas Antwort auf Kalypso, Reggae und Ska, war einer der Hauptgründe gewesen, warum ich unbedingt einen Blick auf Nicaraguas andere Seite werfen wollte. Und ich hatte es mir in den Kopf gesetzt, im Verlauf derselben Reise sowohl im Karibischen Meer – denn natürlich war die Atlantikküste in Wirklichkeit die Karibikküste, wie mir die Ortsansässigen sogleich klarmachten – als auch im Pazifischen Ozean zu schwimmen. Mein Bad im Pazifik hatte ich bereits genossen; am Pochomil-Strand bei Managua, wo früher die Somoza-Clique am Wochenende baden ging, war ich in das warme, warme Wasser hinausgewatet; jetzt war das *Mar caribe* dran.

In Bluefields fiel es mir oft schwer zu glauben, daß ich mich nach wie vor in Nicaragua befand. An der Westküste war die Bevölkerung rassisch verhältnismäßig homogen, hier dagegen gab es neben den Mestizen Kreolen, drei verschiedene Indianerstämme und sogar eine kleine Ge-

meinde von Garifonos, die hier theoretisch gar nichts zu suchen hatten, sondern in den Norden, nach Belize, gehörten. Und das war noch nicht alles. Der Großteil der Bevölkerung an der Westküste war nicht katholisch, sondern gehörte zur Herrnhuter Brüdergemeine. Und nicht wenige dieser Mährischen Brüder sprachen obendrein Englisch.
Bluefields hatte eine eindeutig westindisch geprägte Kultur, aber es war von der übrigen Karibik – bis auf Kuba – so gut wie völlig abgeschnitten. Und auch mit der nicaraguanischen Pazifikküste waren die Kontakte eher locker, wenn man es recht besah. In Bluefields konnte man Nicaraguas Televisión Sandinista nicht empfangen, also sah man statt dessen die Fernsehprogramme Costa Ricas. Es konnte einen ganzen Tag dauern, um eine telefonische Verbindung nach Managua zu bekommen, und selbst dann war nicht gewährleistet, daß man durchkam. Es gab keine Überlandverbindung zwischen den beiden Küsten. Die seltenen Flüge waren Wochen im voraus ausgebucht, und die einzige andere Reiseroute sah so aus, daß man auf einer lahmen Fähre den Rio Escondido (den »verborgenen Fluß«, wo sich vor langer, langer Zeit die Piraten versteckten) hundert Kilometer weit hinunterfuhr, bis man den Flecken Rama erreichte, wo die Landstraße aus Managua nach dreihundert Kilometern ein abruptes Ende fand. Die Fähren waren wiederholt von den Contras überfallen worden. Erst vor vier Wochen hatten sie die vorletzte verbrannt. Die Flußufer waren dicht bewaldet, und die Fähren gaben ideale Zielscheiben ab; aber die Ortsansässigen hatten keine Wahl und benutzten die Route weiterhin.

Was würde sein, wenn die Contras das letzte Schiff auch noch verbrannten? Die einzige Antwort, die ich auf diese Frage erhielt, war ein fatalistisches Achselzucken. Wenn man in Bluefields lebte, fand man sich mit der Weltabgeschiedenheit ab, wie man sich mit dem Regen abfand. Bluefields war eines der schlimmsten Regenlöcher, die ich je erlebt habe. »Im Mai ist es sonnig«, hieß es, aber das war im Juli nur ein schwacher Trost.

Außer Musik und Badefreuden führte mich der Wunsch nach Bluefields, festzustellen, ob die Revolution hier noch immer als ein weiterer Eroberer betrachtet wurde. Die Bewohner der großflächigen Küstenprovinz Zelaya (nur zweihunderttausend Menschen leben auf beinahe der halben Gesamtfläche des Staates, und fast das ganze Gebiet ist mit Dschungel bedeckt und von Wasserläufen durchzogen) hatten an der Revolution wenig Anteil gehabt. Und letzten Endes hatten die beiden Küstenregionen die ganze Geschichte dieses Landes hindurch wenig miteinander zu schaffen gehabt. Die Pazifikküste war spanische Kolonie gewesen, doch obwohl Kolumbus 1502 an der Stelle gelandet war, wo heute Bluefields liegt, war es den Briten überlassen geblieben, 1625 das Protektorat Mesquitía zu gründen. Ihre Untertanen waren hauptsächlich Indianer: die Mosquitos oder Miskitos, die Sumos und die Ramas. Die Briten setzten Marionettenkönige aus dem Miskito-Stamm ein. Diese »Monarchen«, die oft in Westindien oder gar in England erzogen wurden, residierten im Dorf Pearl Lagoon, das nördlich vom heutigen Bluefields liegt. Die Miskitos unterdrückten die Sumos und Ramas so unbarmherzig, daß es heute kaum mehr tausend Ramas (und nicht viel mehr Sumos) gibt. Als ich das erfuhr, ging mir auf, daß meine Vorstellung von den Miskitos als einem Stammesvolk »edler Wilder«, dessen jahrhundertealte Kultur die Sandinisten zerschlagen hatten, möglicherweise nicht ganz zutreffend gewesen war.

Unter britischer Herrschaft bildete sich der große kreolische Bevölkerungsanteil aus geflohenen Sklaven anderer karibischer Kolonien und aus Schwarzen heraus, die von den Briten hergebracht wurden, um als Aufseher und Beamte zu fungieren. So kam es zu dem ungewöhnlichen Umstand, daß die Schwarzen, die andernorts von den Engländern als Sklaven eingesetzt wurden, in Nicaragua zum Kleinbürgertum zählten.

Auch die spanischsprachige Mestizenbevölkerung wuchs schnell an; im Jahr 1838 wurde die Republik Nicaragua gegründet. Die Mestizen nahmen weiter zu, und bei der letzten Volkszählung stellten sie mehr als die Hälfte der Bewohner der Provinz Zelaya. (Die Schwarzen oder Kreolen machten mit etwas mehr als fünfzigtausend Einwohnern ein Viertel der Bevölkerung aus.) Alte Ressentiments zwischen Kreolen und *pañas* – was von *españoles*, Spaniern, abgeleitet war – waren abgebaut worden, aber hin und wieder kam es noch zu Differenzen. Die Armee an der Atlantikküste bestand fast gänzlich aus Mestizen. Diese rassische Trennung zwischen Soldaten und Zivilisten fiel mir sofort auf, als ich die längliche Holzhütte betrat, die Bluefields' Flughafengebäude darstellte. Die Kreolen dienten nicht gern in der *paña*-Armee, während es ihnen nichts auszumachen schien, bei der Polizei einzutreten.

Die Somoza-Dynastie überließ die Atlantikküste den multinationalen Firmen, die aus den Goldminen Vermögen schürften und die reichen Bestände an Edelhölzern ausbeuteten. Sie führten in der Provinz Zelaya eine deformierte Wirtschaft ein, die auf Gedeih und Verderb von den firmeneigenen Läden mit importierten US-Gütern abhängig und auf die ausländischen Arbeitgeber angewiesen war. Die Erträge der Region exportierten sie; aber im Lande investierten sie fast gar nichts, und als der letzte Somoza gestürzt wurde, machten sie sich aus dem Staub. Die Folgen für den Lebensstandard der Einwohner waren verheerend. Und dann erschienen die Sandinisten, die heroische Lieder von der Revolution und der Freiheit sangen. Kein Wunder, daß ihnen ein kühler Empfang bereitet wurde: Für viele Leute hier auf der anderen Seite war die Revolution der *pañas* von der Pazifikküste eher eine Vernichtung gewesen.

Bluefields triefte vor Armut (nur morastige Gegenden können vor Armut triefen). Die Stadt war so arm, daß es nicht einmal ein befestigtes Ufer gab. Ein paar Piers, die hauptsächlich aus losen Planken und Fußangeln bestanden, ragten in die Bucht. Die Holzhäuser sahen mit ihren Veranden und Balkonen recht einladend aus, aber wenn man näher kam, sah man die Verkommenheit und die Armut. Kinder spielten mit Reifen; gutgepolsterte und bis zum Hals zugeknöpfte Kreolinnen lümmelten sich auf Fässern. »Wählt Yazmina & Fatima«, wurde von den Wänden herab verlangt. Ich betrat eine Bar, in der Pancho, ein *mestizo*-Matrose, gerade einen Vortrag hielt.

»Ich bin überall gewesen«, verkündete er. »In Miami, in Mobile, Alabama. Überall bin ich gewesen. Ich will Ihnen was verraten: Mobile, Alabama, hat mir besser gefallen als Miami, Florida. In Mobile lassen die Leute einen in Ruhe. So wie hier, in Bluefields.« Draußen begann der Regen zu klatschen, und in meinem Kopf fing Dylan an zu singen: »Stuck inside of Mobile«. »Gibt es Bier?« fragte ich, und die kleine dicke Wirtin sagte: »Nein. Bier aus.« Aber als sie den Raum verließ, zwinkerte Pancho mir zu und angelte eine Flasche *cerveza Victoria* aus der Kühltruhe. »Bitte sehr.«

Die Wirtin kehrte zurück und war erbost: »Wo hast du das her, Pancho? Mit dir hat man nur Ärger. Ich muß meine Stammkunden halten; Bier ist reserviert. Alles Bier ist reserviert. Wie soll ich Fleisch bekommen, wenn ich dem Metzger kein Bier reserviere? Geh und hol mir von zu Hause eine Flasche Bier!« Pancho machte unaufrichtige beschwichtigende Laute. Das Bier schmeckte mir nicht; ich hatte ein schlechtes Gewissen.

Nach Einbruch der Dunkelheit lernte ich in einer kreolischen Bar im Old-Bank-Viertel Francisco Campbell kennen. Er war in der nicaraguanischen Botschaft in Washington angestellt und im Urlaub hier, und er hatte Sorgen: die US-Behörden hatten seine Frau Miriam ausgewiesen, die ebenfalls in der Botschaft gearbeitet hatte. Er war ein liebenswürdiger, großzügiger Mann, der seine Sorgen beiseite schob, um mich zu unterhalten. Wir aßen das Chop Suey, für das die Bar berühmt war; einem Chinesen wäre es schwergefallen, dieses Gericht mit seinem Heimatland in Verbindung zu bringen, aber es war würzig und köstlich, und wir tranken dazu Flor de Caña Extra Seco mit Tamarindenwasser.

Die multinationalen Gesellschaften, erklärte mir Francisco, hatten Bluefields' Handelsverbindungen mit dem karibischen Raum abgebrochen. Er wollte sich dafür einsetzen, daß sie wieder belebt wurden. »Wußten Sie, daß Trinidad sein ganzes Rindfleisch aus Argentinien einführt?« fragte er mich. »Wissen Sie, wie viele Tausende von Meilen das bedeutet?« Auch über Garnelen hatte er einiges zu erzählen. Sie laichten im Flutkanal des Escondido, und in der Regenzeit, wenn das Regenwasser das Salzwasser zurückdrängte, ließen sie sich mit ins Meer hinaustreiben. Die Lagune an der Flußmündung wimmelte dann von Garnelen, und es war ein Kinderspiel, sie zu fangen. Nur das Fischen mit dem Schleppnetz war untersagt, weil man sonst die Bestände leerfischen würde und der Fortbestand der Garnelen gefährdet wäre. »Garnelenfischer aus Jamaika haben seit Menschengedenken unsere Küstengewässer geplündert«, sagte er anklagend, »und es ist höchste Zeit, daß in dieser Sache klare Vereinbarungen getroffen werden.«

Wir verließen die Bar, als der Extra Seco ausging, und schlenderten an der Schule der Herrnhuter Brüdergemeine vorbei die Straße entlang. Der Nachthimmel stand voller Sterne, aber wenn man zu ihnen hochsah, lief man Gefahr, in eines der zahlreichen Schlaglöcher zu treten. Francisco hatte sich in Gedanken mit seiner Frau beschäftigt; als wir an der Schule vorbeigingen, rief er: »Ich bin selbst schon einmal ausgewiesen worden. Genau hier; von dieser Schule hat man mich verwiesen.«

»Wie kam das?«

»Es lag an Mary Hebberts langem Haar«, sagte er. »Ihr Haar war schuld.« Mary Hebbert hatte wunderschönes langes blondes Haar, und der kleine Francisco ließ nichts unversucht, um ihre Aufmerksamkeit zu erregen. Eines Tages, als er zur Schule kam – er war kaum zehn Jahre alt –, sah er Mary Hebberts Haar aus dem Fenster des Klassenzimmers hängen. Ehe er sich's versah, hatte er dem Impuls nachgegeben, an dem Haar zu ziehen. Aber das Unglück wollte es, daß er zu fest zog und Mary Hebbert mit dem Kopf gegen den Fensterrahmen stieß. Sie machte ein großes Tamtam wegen Franciscos verunglücktem Werbeversuch, und der Schuldirektor forderte seine Eltern auf, ihn von der Schule zu nehmen.

»Das ist ja abscheulich«, sagte ich.

»Es war halb so schlimm«, wiegelte Francisco grinsend ab. »Ich hab's überlebt.«

»Und was wurde aus Mary Hebbert?« wollte ich wissen.

»Ich habe mich erkundigt«, sagte er mit einem schadenfrohen Lächeln. »Sie hat einen Grobian geheiratet und lebt jetzt auf einer der Kaiman-Inseln. Sie hat ihre Strafe gekriegt.«

Cathy Gee, die aus den USA stammte und bei einem örtlichen Entwicklungsdienst arbeitete, schilderte mir gerade das Aussterben der Sprache der Ramas, als mein Blick auf die zerstörte EDV-Anlage in ihrem Büro fiel. Der Monitor hatte keinen Bildschirm mehr, und das Innenle-

ben des Computers war ein heilloser Wirrwarr. »Tja«, sagte Cathy. »Die Anlage war auf der Fähre, die von den Contras überfallen wurde. Sie wurde zusammengeschossen.« Sie deutete auf etwas, was mit Klebstreifen am Computer befestigt war. »Die Kugel haben wir gefunden. Tja.« Der Computer war ein sehnsüchtig erwartetes Geschenk gewesen. »Pech.«
»Die Contras bringen jetzt also auch Geräte um«, sagte ich.
Wir kamen zum Thema zurück. Es lebten nur noch dreiundzwanzig Menschen, die die Sprache der Ramas sprechen konnten; die übrigen Ramas kannten ihre Sprache bereits nicht mehr. Eine französische Linguistin hatte viele Monate mit den dreiundzwanzig alten Leuten verbracht, um Struktur und Aussprache der Sprache aufzuzeichnen, bevor sie ausstarb. »Sie hatte es nicht leicht«, erklärte mir Cathy. »Die meisten alten Ramas haben keine Zähne mehr, und manche Worte können sie deshalb nicht deutlich aussprechen. Tja.« Falsche Zähne kamen aus Kostengründen von vornherein nicht in Frage. Die Erhaltung einer kleinen aussterbenden Sprache konnte an den Kosten für Zahnersatz scheitern. Nicaragua ist ein Land der großen, aber auch der kleinen Tragödien.

Thomas Gordon, der kreolische *delegado* der Sonderzone II von Zelaya, in der Bluefields lag, war ein Mittdreißiger mit Brille und Ziegenbärtchen und einem zahmen Ara. (Seine Muttersprache war Englisch, und er hatte Spanischunterricht nehmen müssen; inzwischen war er perfekt zweisprachig.) Sein Stellvertreter Felix war Mestize, und er hatte das freundlichste Lächeln, das ich in ganz Nicaragua erlebte. Ursprünglich waren Felix der Vorgesetzte und Gordon der Assistent gewesen, aber nun, da die Rollen vertauscht waren, zeigte Felix keine Spur von Ressentiment. Beide Männer steckten voller Pläne und Ideen zur Modernisierung von Bluefields. »In dieser Stadt gibt es nicht einmal ein vernünftiges Kino«, rief Thomas Gordon. »Kinos gibt es, aber der Projektor ist so altersschwach, daß man fast nichts sieht. Das werden wir ändern. Und wir wollen die Straßen erneuern. Ihnen ist sicher aufgefallen, daß es viele Schlaglöcher gibt.« Ich sagte, es sei mir aufgefallen. »Ich fürchte, Ihr Hotel ist nicht besonders gut. Ich will dafür sorgen, daß die Hotels hier besser werden. Sie müssen später einmal im Mai zum Mayo Ya wieder herkommen – Sie werden sehen, was wir bis dahin alles auf die Beine gestellt haben werden.« Mayo Ya hieß das Musikfestival, das die Stadt einen Monat lang mit Karnevalstreiben füllte. Zu meiner Enttäuschung mußte ich erfahren, daß die besten *costeña-Musiker* den Rest des Jahres in Managua verbrachten und daß man ihre Musik nur via Schallplatte oder Tonband in Bluefields zu hören bekam.

»Sie haben heute abend Glück«, sagte Gordon. »Wir geben eine Party für die kubanischen Ärzte. Eine *richtige* Party. Wir tanzen. Wir wollen uns *richtig* amüsieren.«

»Ich komme gerne«, sagte ich. Er bot mir an, mich in der Stadt herumzufahren, und während der Fahrt monologisierte er über die neuesten Arbeitsbeschaffungsprojekte. »In Kukra Hill bei Pearl Lagoon haben wir eine Zuckerfabrik, die vielleicht das älteste Modell auf der ganzen

Welt ist, das noch funktioniert. Wir hatten bisher keine Mittel, um sie zu modernisieren, aber vor einiger Zeit haben wir im Dschungel eine Plantage von Edelhölzern entdeckt.« Eine Regierungsverfügung erlaubte, daß die Einkünfte aus unüblichen Exporten in der exportierenden Gegend verblieben (während alle anderen Gelder einer zentralen Sammelstelle zugeführt werden mußten), und deshalb hoffte Gordon, mit diesem einmaligen Verkauf seltener Hölzer die Renovierung der Zuckerfabrik finanzieren zu können. »Wir kriegen diese Fabrik. Wir fangen sofort mit dem Projekt an, noch bevor wir die Autonomie bekommen.«

»Die Autonomie«, das waren die Autonomiepläne der Regierung, die größte politische Neuerung an der Küste – ein Vorhaben, das manch einen in Zelaya allmählich davon zu überzeugen begann, daß die Revolution vielleicht doch nicht das Schlechteste für ihn war. Ich hätte gern mehr darüber erfahren, aber Thomas Gordon war damit beschäftigt, mich auf die Sehenswürdigkeiten der Stadt hinzuweisen. Die Holzhäuser im Kreolenviertel Old Bank waren sowohl ausgedehnte Bungalows als auch enge, dürftige Hütten. Im Viertel Central erhob sich eine weiße Sandino-Silhouette auf einem rosa Obelisken. In Cottontree nahm Gordon mich mit in das Haus, in dem er aufgewachsen war. »Wissen Sie, ich habe einen weißen Bruder«, sagte er. »Groß, hellhäutig, blond, blauäugig. Aber er empfindet sich als Schwarzen. Ich meine, er identifiziert sich mit den Schwarzen. Und darauf kommt es an.«

Er machte mich mit dem Ara bekannt, der uns in das

Gewirr von Zimmern mit Holzwänden und -böden und behaglichen alten Lehnstühlen und in die geräumige, luftige Küche folgte. Ich war hingerissen. Hinter dem Haus lag ein großer »Hof«, ein verwilderter Garten, in dem Mangos und Brotfrüchte von großen, verzweigten alten Bäumen hingen. »Wie schön muß es für Sie sein, noch immer in dem Haus verkehren zu können, in dem Sie aufgewachsen sind«, sagte ich nicht ohne einen Anflug von Neid. Er lächelte glücklich. »Nach dem Triumph kam ich nach Bluefields zurück«, sagte er. »Ich wollte etwas für meine Heimat tun.«

Am nächsten Tag wollte ich nach Pearl Lagoon fahren. »Besichtigen Sie die Zuckerfabrik«, ermahnte er mich. In Kukra Hill gab es auch das neue Kokospalmenprojekt zu besichtigen. Die Plantage sollte die Bevölkerung mit Öl, Kopra und Arbeitsplätzen versorgen. »Aber es ist gar nicht so einfach für sie, Arbeitskräfte zu bekommen. Das hätten sie vorher wissen können. Schwarze sind heute nicht mehr dazu bereit, auf Plantagen zu arbeiten.« *Sie:* war das als Hinweis auf die alten Differenzen zwischen Kreolen und *pañas* zu verstehen? Er verneinte es. »Es stimmt, daß es vor der Revolution so etwas gab, aber das war in der alten Gesellschaftsordnung.« Klassendünkel, Rassismus, Sexismus – alles sollte durch die Revolution abgeschafft worden sein. Diese Vorstellung hatte etwas Rührendes.

Die Autonomiepläne waren die Wiedergutmachung der FSLN für eine Reihe folgenschwerer, vertrauenzerstörender Mißgriffe an der Atlantikküste. Unerfahrene, übereifrige junge Politkader hatten bei Kreolen und Indianern für böses Blut gesorgt, indem sie beispielsweise das Blaue vom Himmel herunter versprochen hatten – neue Krankenhäuser, Schulen, alles mögliche –, während die Regierung schon bald merkte, daß sie diese Versprechungen infolge des Krieges, der Versorgungsengpässe und der Transportschwierigkeiten nicht halten konnte. Die Verhaftung Steadman Fagoths, eines Miskito-Führers, verschlimmerte die Lage noch. Die FSLN mochte noch so sehr darauf pochen, daß sie hieb- und stichfeste Beweise für Fagoths Tätigkeit als Somoza-Agent habe, es interessierte die *costeñas* keinen Deut. Fagoth (der die Anschuldigungen, die gegen ihn vorgebracht wurden, bis zuletzt bestritten hatte) wurde auf freien Fuß gesetzt und schloß sich unverzüglich den Contra-Truppen an. Die vermittelnde Organisation, die MISURASATA geheißen hatte (Miskitos, Sumos, Ramas und Sandinisten), löste sich nach der Fagoth-Affäre und der Zwangsumsiedlung zahlreicher Miskitos, die am Rio Coco an der honduranischen Grenze gelebt hatten, auf. Fagoth nannte seine konterrevolutionäre Gruppe unter Weglassung der letzten vier Buchstaben MISURA. In Zelaya sahen die Sandinisten sich mit mindestens vier Contra-Gruppierungen konfrontiert: mit den FDN-Truppen, die den größten Anteil ausmachten, mit der MISURA, die noch immer aktiv war, obwohl letzten Informationen zufolge Fagoth nicht länger die treibende Kraft darstellte, mit KISAN, einer Indianervereinigung, die erst neulich angekündigt hatte, daß sie mit Sabotageakten und Motorbootüberfällen die Verbindung der Regierung zu Truppenstandorten an der Atlantikküste an Meer und Flüssen unterbrechen wollte, und im Süden mit den ARDE-Truppen, die von Costa Rica aus operierten.

Es gab keinen Zweifel daran, daß die FSLN den Miskitos übel mitgespielt hatte, und wenn behauptet wurde, man habe im Rio-Coco-Gebiet massive Bombardements durch die CIA befürchten müssen und deshalb die Einwohner im Interesse ihrer eigenen Sicherheit evakuiert, verstärkte dies nur den Eindruck, daß der Evakuierung in Wirklichkeit ganz andere Motive zugrunde lagen. Die Autonomiepläne sollten beweisen, daß die Frente aus ihren Fehlern gelernt hatte. Die Politik, Miskitos aus dem Rio-Coco-Gebiet zu evakuieren, war revidiert worden, und viele Indianer kehrten in ihr altes Stammesgebiet zurück (einige von ihnen hatten sich freilich an ihr neues Leben gewöhnt und blieben). Auch die bedingungslose Amnestie für jeden, der sich von der Contra lossagte, trug erste Früchte. Im selben Maß, in dem die Moral in den Contra-Truppen nachließ, fanden Miskitos zu ihren Sippen zurück.

Das Autonomievorhaben sah den Schutz der kulturellen Selbstbestimmung aller Minderheiten in Zelaya vor. Aber es sollte mehr sein als lediglich eine Entschädigung für vorausgegangene Fehlgriffe. Im Rahmen dieses Vorhabens sollte Zelaya ein großes Maß an Selbständigkeit erhalten. Die Nation würde zu einer Art Föderation von zwei »Flügeln« werden, wobei Verteidigung, öffentliche Ordnung, Außenpolitik und finanzielle und wirtschaftliche Zuständigkeit bei der Regierung in Managua verblieben, während die meisten anderen Kompetenzen von einer regionalen Exekutive und einer Regionalversammlung übernommen würden. Ich fragte John, einen schlaksigen, dynamischen jungen Kreolen, der beim Autonomieprojekt in Bluefields arbeitete, ob die hiesige Verwaltung überhaupt in der Lage sei, die neuen Aufgaben zu bewältigen. »In vielerlei Hinsicht sind wir schlecht dafür gerüstet«, räumte er ein, »aber wir müssen nun mal den Sprung ins kalte Wasser machen, und mit der Zeit wird sich schon alles einspielen.«

Als ich die Cafeterias von Bluefields abklapperte, versuchte ich so oft wie möglich, die Sprache auf die Autonomiebestrebungen zu bringen. Die Reaktionen, die ich zu hören bekam, reichten von Skepsis – »das glaube ich erst, wenn ich es sehe« – über Desinteresse bis zu Enthusiasmus.

Die enthusiastischen Stimmen waren keineswegs selten, und es sollte vielleicht dazugesagt werden, daß die Revolution mit diesem Projekt zum erstenmal so etwas wie Begeisterung an der Atlantikküste hervorgerufen hatte. »Wir hatten noch nie in unserem Leben etwas zu sagen«, erklärte mir ein Kreole. »Erst sagten uns die Briten, wo es langgeht, dann Somoza und dann die multinationalen Gesellschaften. Jetzt haben wir zum erstenmal das Sagen.«

Viele Politiker in Managua hatten ablehnend reagiert, als das Autonomieprojekt erstmals zur Sprache kam, weil es ihrer Ansicht nach in einer Balkanisierung enden mußte, im Auseinanderfallen des Landes. Das Gegenargument, das die meisten Befürworter fand, besagte, daß man mit diesem Projekt nicht das Land teilte, sondern der faktisch bestehenden Teilung Rechnung trug. Indem man der Atlantikküste ein so großes Maß an Unabhängigkeit einräumte, konnte man das Zusammengehörigkeitsgefühl vielleicht am ehesten stärken. Was ich erlebt hatte, bestätigte diese paradoxe Vermutung.

»Autonomie« hieß sogar der Titel eines Hits einer der bekanntesten Gruppen der Ostküste.

Die Party, die am Abend zu Ehren der Kubaner im Hotel in Bluefields stattfand, war offensichtlich eine Gedenk-Acta; gefeiert wurde die Erstürmung der Moncada-Kasernen vor vielen Jahren durch Fidel Castros Jungen. Ein junger kreolischer Discjockey saß mit stolzgeschwellter Brust hinter seiner Anlage; andächtig polierte er jede Platte, bevor er sie auflegte, voller Zärtlichkeit streichelte er den Equalizer. Ganz Bluefields saß in seiner besten Garderobe an den Wänden aufgereiht und erinnerte mich ganz schrecklich an die »geselligen Abende« meiner Schulzeit in Bombay: Alle saßen da wie die Mauerblümchen, und auf dem Parkett herrschte gähnende Leere. Kubaner und Nicaraguaner unterhielten sich ungezwungen. Früher waren die Beziehungen zwischen ihnen gespannt gewesen, und vor sechs Jahren, im September 1980, war es sogar zu einer Demonstration der Kreolen gegen die Kubaner gekommen. Aber als der Discjockey »Guantanamera« auflegte und das Publikum die Sitzplätze verließ und die Tanzfläche stürmte, war davon nichts mehr zu spüren. Die kubanischen Ärzte, die klaglos in die abgelegensten Winkel Zelayas gegangen waren, Gegenden, in die nur wenige nicaraguanische Ärzte freiwillig gehen wollten, hatten die Herzen der Einheimischen erobert. Es wurden zwar Witze über die Aussprache der Kubaner gemacht, aber sie waren nicht boshaft, sondern liebevoll.
»Guantanamera, Guajira Guantanamera ...« Eine massiv

gebaute alte schwarze Dame mit dicken dunklen Brillengläsern, einem Netz über dem dicken Haarknoten und in einem formlosen schwarzen Kleid mit weißem Kragen betrat das Tanzparkett. Sie tanzte so faszinierend, mit einer so natürlichen Anmut und Originalität, daß nach wenigen Minuten alle jungen Lokalmatadore Schlange standen, um ihr Tanzpartner sein zu dürfen. Ich mußte daran denken, daß einer der traditionellen Mayo-Ya-Tänze »Die drei alten Damen« hieß und von ebensolchen getanzt wurde. Lendenlahm waren die alten Mütterchen in Bluefields jedenfalls nicht.

Auf dieser Party lernte ich eine junge Amerikanerin kennen, die im Gesundheitswesen arbeitete; in Bluefields hieß sie nur Mary Carol, weil die Zungen der Einheimischen vor dem Namen Ellsberg kapitulierten. Mary Carol war mit Julio Martínez verheiratet, der die Agrarprojekte in dieser Region leitete; ihr Vater war Daniel Ellsberg, *der* Daniel Ellsberg, der die Watergate-Geschichte mit ins Rollen gebracht hatte. Sie hatte lange in den Dörfern um Pearl Lagoon herum gearbeitet – Haulover, Raitipura, Orinoco. Als ich ihr erzählte, daß ich am nächsten Tag hinausfahren wollte, bot sie sich an, mitzukommen und mir alles Sehenswerte zu zeigen. Außerdem stellte sich heraus, daß sie meine Romane kannte und daß sie ihr gefielen. Die Party wurde immer besser.

Das Kokospalmenprojekt in Kukra Hill erwies sich als Julios Lieblingsidee. Mit dem Stolz eines Vaters beschrieb er, wie die Reihen der Schößlinge Jahr um Jahr höher geworden waren. Ich erwähnte Thomas Gordons Skepsis gegenüber dem Projekt, und er tat die Befürchtung, es gebe zuwenig Arbeitskräfte, verächtlich ab. »Das Projekt macht ausgezeichnete Fortschritte«, sagte er, »ausgezeichnete Fortschritte.« Er war ein sanfter, gewissenhafter Mann, der offensichtlich in seiner Arbeit aufging. Früh am nächsten Morgen stellte er mich in seinem Büro Juan Mercado vor, einem Miskito, der als erster Indianer die Zuckerfabrik von Kukra Hill leiten würde. Beide mußten geschäftlich nach Managua fahren und entschuldigten sich bei mir, weil sie mich nicht auf meinem Ausflug begleiten konnten. »Aber Mary wird Ihnen alles zeigen«, sagte Julio. Als ich das Büro verließ, fiel mein Blick auf ein Gedicht, das mit Kreide auf eine Tafel weiter hinten im Raum geschrieben war:

LA REVOLUCIÓN

> Se lleva en el corazón
> para morir por ella,
> y non en los labios
> para vivir de ella ...

Die Revolution trägt man im Herzen / um für sie zu sterben / und nicht auf den Lippen / um von ihr zu leben ...

Auch hier wieder der Tod. Der Tod, der vertraute Gevatter. Er war das eigene Kind, die eigene Mutter, man selbst. Er war das unsichtbare Ziel, das die Welt auslöschte.

»Ein Besuch in Bluefields wäre ohne einen ordentlichen Regenguß nicht komplett«, sagte Mary zu mir, als es in Strömen zu regnen begann.
»Können wir trotzdem zur Lagune fahren?« fragte ich. Sie nickte. »Wir fahren. Hier regnet es so oft, daß man alles, was man beschlossen hat, stur durchführt, weil man es sonst nie tun würde.«
Man hatte mir das »schnellste Motorboot von ganz Bluefields« zur Verfügung gestellt. Zusammen mit Mary und zwei kreolischen Bekannten stieg ich an Bord; die beiden waren Francisco Campbells Schwester Yolanda, die Frauengruppen leitete, und Edwin, der eine AK-47-Maschinenpistole mitgebracht hatte, mit der er Yolandas Meinung nach garantiert nicht umgehen konnte. Als das Boot beschleunigte, verwandelten sich die Regentropfen zu Nadelstichen. Wir schossen den bewaldeten Escondido entlang und durch die morastigen Kanäle, die den Fluß mit der Lagune verbanden. »Wenn man auf dem Escondido oder weiter im Landesinneren eine Panne hat, dann gnade einem Gott«, rief Mary mir zu. »Es kann Tage, wenn nicht gar Wochen dauern, bis Hilfe kommt. Wenn überhaupt.« Sie hatte einmal drei Tage lang gewartet.
Die undurchdringlichen grünen Massen schlossen uns ein. Der Regen, der uns ins Gesicht klatschte, konnte nichts daran ändern, daß die Landschaft von großartiger Schönheit war; aber er gab sich alle Mühe.

Der Flecken Kukra Hill war von weniger großartiger Schönheit, wenngleich er mit einem nagelneuen Krankenhaus aufwarten konnte. Ich watete eine kurze Strecke durch zähen rötlichen Schlamm, um einen Blick auf die berühmte Zuckerfabrik zu werfen. Ursprünglich hatte diese Fabrik an der Westküste gestanden. Als ihre Besitzer fanden, daß sie ausgedient habe, ließen sie sie abreißen und an die andere Küste verfrachten, wo sie dank des Einfallsreichtums der örtlichen Mechaniker jahrelang weiterbetrieben worden war, obwohl es längst keine Ersatzteile mehr gab. Als ich die museumsreife Anlage betrachtete, die ohne weiteres aus der Zeit der industriellen Revolution hätte stammen können, ertappte ich mich bei dem inbrünstigen Wunsch, daß Thomas Gordons Pläne für den Verkauf der Edelhölzer bald in die Tat umgesetzt werden möchten.

Das Dorf Pearl Lagoon, in dem einst die Miskito-Könige Hof gehalten hatten und das am Ufer der Lagune liegt, deren Namen es trägt (obgleich es in der Lagune nie irgendwelche *perlas* gab), machte einen idyllischen, verschlafenen Eindruck. Die Häuser waren in gebührendem Abstand voneinander an drei grasüberwucherten Fußwegen verteilt, die Front Street, Middle Street und Back Street hießen. Auch die zwei Enden des Ortes hatten Namen: Uptown und Downtown. Nach der Revolution waren sie in der kalenderwütigen Art aller Revolutionen umbenannt worden, aber wenn man jemanden nach dem Weg zum »Viertel des 19. Juli« fragte, wurde man verständnislos angestarrt, bis der andere plötzlich eine Erleuchtung hatte: »Ach, Sie meinen *Downtown?*«

Drei Soldaten der Sandinistischen Volksarmee, die sich

in dieser kreolischen Ortschaft fehl am Platz ausnahmen, faulenzten neben einer kleinen alten Kanone vor dem FSLN-Büro, dessen Wände in halbmeterhohen rotschwarzen Buchstaben verkündeten: »Autonomie sofort!« Eine Straßenecke weiter konnte man an der Mauer des Schulhofs ein hübsches Wandgemälde besichtigen, das die ganze Lagune zeigte und auf dem alle Dörfer eingezeichnet waren. Hände ragten aus den Dörfern und umfaßten einander in der Mitte der Lagune. »Buschmann«, stand unter dem Bild, »die Kapitulation ist deine einzige Chance.« Der Buschmann, an den sich das richtete, war natürlich der konterrevolutionäre Kämpfer.
Es hatte aufgehört zu regnen. Eine zierliche, schmucke, allerdings zahnlose alte Dame spazierte mit ihrem Sonnenschirm vorbei. Yolanda führte uns zum Haus von Miß Maggie, der besten Köchin im Ort. Wir kamen an der Dorfschenke vorbei, die wegen Biermangels geschlossen war. »Keine Sorge«, sagte Yolanda. »Miß Maggie hat immer irgendwo etwas versteckt.«
Nachdem Yolanda Miß Maggie dazu überredet hatte, für uns zu kochen, aß ich die köstlichste Mahlzeit, die mir in Nicaragua serviert werden sollte; es gab Hechtmakrele in scharfer Chilisauce und sogar einen Schluck Bier. Miß Maggie, eine kleine, rundliche, grauhaarige Dame, die wie ein Backfisch kicherte, war auch für ihr überwältigend gutes Kokosnußbrot berühmt.
Nach dem Essen besuchten wir Mary Ellsbergs Freundin, die Hebamme Miß Pancha. Sie saß im Schaukelstuhl auf ihrer Veranda im Downtown-Teil des Dorfes, und als sie uns kommen sah, stieß sie einen Schrei aus. »Oh, Miß

Mary«, rief sie, »ich beunruhigt, als Sie kommen, weil ich mein' Büstenhalter nich' anhab'. Ich zieh' nur an, wenn Besuch kommt, und Sie mich jetzt überrascht.« Miß Pancha hatte die größten Brüste, die ich je zu Gesicht bekommen hatte, und Mary sagte später zu mir, daß man rein optisch keinen Unterschied erkennen konnte, wenn sie den Büstenhalter anhatte. Ich sagte gerade guten Tag zu Miß Pancha, als ihre zahme Kuh aus dem Wohnzimmer zu uns getrottet kam. »Sagen Sie mein' Liebling auch hallo«, bat Miß Pancha.

Am Ende meines Besuchs bei Miß Pancha wurde ich daran erinnert, daß nicht alles in Pearl Lagoon idyllisch war, auch wenn der Ort noch so verschlafen und gemütlich wirkte. Die alte Hebamme, die in letzter Zeit wegen ihrer Rückenschmerzen ans Bett gefesselt gewesen war, wurde unversehens melancholisch.

»Die meisten im Dorf auf die Welt gebracht«, sagte sie. »Und viele begraben.«

Nicht weit von Miß Pancha wohnte ein junges Paar, das sein Haus verkaufen wollte, um nach Bluefields zu ziehen, weil die Contras den Vater des jungen Mannes getötet hatten. Fast in jedem Haus gab es Tote zu beklagen. Selbst einer der Mährischen Brüder war ermordet worden. In einem Nachbardorf hatten die Contras vor einiger Zeit über zwei Dutzend Kinder entführt, darunter viele Mädchen im Alter von zehn bis vierzehn Jahren – »damit die Männer sich bedienen können«, sagte Mary. Ein Mädchen war entkommen und nach Hause zurückgekehrt. Im Dorf hieß es, daß fünf weitere Kinder entkommen seien, sich aber im Dschungel verirrt hätten. Das war vor fünf Wochen gewesen, und inzwischen mußte man annehmen, daß sie umgekommen waren. »Es ist so bedrückend, wenn man jetzt hinkommt«, sagte Mary. »Das ganze Dorf weint bloß.«

Am siebten Jahrestag der Befreiung, als ich in Estelí war, stürzte im Norden der Sonderzone II ein Hubschrauber ab, und niemand an Bord überlebte den Absturz. Julio, Marys Ehemann, hatte ursprünglich mitfliegen wollen, aber im letzten Augenblick war etwas dazwischengekommen. Die Contras hatten behauptet, sie hätten den Hubschrauber abgeschossen, aber das stimmte nicht; es war ein Unfall gewesen. »Das ganze Getue um die Challenger-Explosion«, sagte Mary zu mir. »Und wie viele Leute sind dabei ums Leben gekommen? Sieben?« Viele der Opfer des Hubschrauberabsturzes kamen aus einer abgelegenen Gemeinde, aus Tortuguera. »Der Lehrer, der Armeekommandant, der Arzt. Beinahe alle Leute mit Fachkenntnissen«, sagte Mary. »Der Ort gilt allmählich als verhext. Das war der dritte Arzt, den sie innerhalb eines Jahrs verloren haben.« Es gehörte zur Methode der Contras, die Fachleute zu töten, wenn sie Ortschaften überfielen, aber diesmal hatte ihnen das Schicksal die Arbeit abgenommen. »In einer so kleinen Gesellschaft wie unserer«, sagte Mary, »fällt jeder Tote ins Gewicht. Sie können sich denken, was für eine Lücke vierundzwanzig Tote reißen. Die letzte Beerdigung war gestern. Es hat eine Woche gedauert, bis sie die Leiche aus dem Wrack befreien und der Familie übergeben konnten. Aus Managua mußten Taucher kom-

men, um sie zu bergen. Es war ein junger Mann, der in Bluefields hatte heiraten wollen.«
Wir verließen Pearl Lagoon und machten uns auf den Rückweg nach Bluefields. Als hätte er aufs Stichwort gewartet, prasselte der Regen wieder los. Ich sagte mir, daß es eigentlich nicht nötig sei, im Karibischen Meer zu schwimmen; mein Feuchtigkeitsbedarf war von oben gedeckt worden.

Mary Ellsberg war als *brigadista* nach Bluefields gekommen, als freiwillige Helferin; sie hatte ursprünglich ein Jahr lang bleiben wollen. Statt dessen verliebte sie sich in das Land und in Julio, und heute war sie eine Nica-Mutter mit einem einjährigen Sohn, Julito. Sie hatte Angst, daß ihr Sohn möglicherweise einmal im Krieg würde kämpfen müssen. Sie war bereits so sehr Nicaraguanerin, daß der Krieg für sie etwas Langfristiges, beinahe ein Dauerzustand geworden war.
Zu meiner Überraschung stellte ich fest, daß ihr Vater Beziehungen zu Indien hatte. Daniel Ellsberg hatte den berühmten Gandhi-Jünger Jayaprakash Narayan gekannt und bewundert, der zur Zeit des Ausnahmezustands die Opposition gegen Indira Gandhi angeführt hatte, obwohl er regelmäßig an die künstliche Niere angeschlossen werden mußte, und ebenso Vinobha Bhave, den Asketen und Philosophen, der sich sein ganzes Leben lang dafür eingesetzt hatte, die irdischen Großgrundbesitzer dazu zu bewegen, den Armen Land zu geben. »Mein Vater hat mich dreimal hier besucht«, sagte sie. »Beim ersten Mal sah er nur Comandantes, wo er auch hinblickte. Beim zweiten

Mal machte er hier Ferien. Aber das dritte Mal kam er vier Tage nach einem Überfall der Contras nach Bluefields. Das bewirkte einen enormen Wandel seiner Betrachtungsweise.« Sie wunderte sich noch immer über die naiven Vorstellungen der US-Bürger über die nicaraguanische Realität. »Wenn ich in die Vereinigten Staaten fahre und den Leuten meine Dias zeige, dann heißt es immer: Das haben wir nicht gewußt, das haben wir nicht gewußt.«
Im Motorboot tauschten Mary und Yolanda ihre Erfahrungen mit Entbindungen aus. Mary sagte, das Schlimmste, was einer Frau passieren könne, sei, in Managua ein Kind auf die Welt zu bringen. Hochschwangere kurz vor der Niederkunft mußten sich nicht selten die Betten teilen, und es kam oft genug vor, daß Frauen, bei denen die Wehen bereits eingesetzt hatten und deren Muttermund bis zu fünf Zentimeter erweitert war, auf der Suche nach einem Krankenhaus, das sie aufnahm, durch die halbe Stadt fahren mußten. In Bluefields sei es nicht ganz so schlimm, meinte Yolanda, und Mary stimmte ihr zu. Als bei Mary die Wehen begonnen hatten, war ihr Arzt allerdings gerade auf einer Party. Sie rief ihn dort an, aber er nahm das Ganze nicht weiter ernst und blieb auf der Party. Am nächsten Morgen tauchte er mit einem schweren Kater im Krankenhaus auf, als sie bereits Julito in den Armen hielt.
»Hierzulande neigt man dazu, Schmerzen einfach nicht zur Kenntnis zu nehmen«, sagte Mary. »Ich spürte, daß alle von mir erwarteten, daß ich nicht zu schreien oder zu jammern anfing. Ich lag da und biß die Zähne zusammen. Ein einziges Mal, als die Wehen besonders schmerzhaft waren, habe ich gestöhnt, und sofort sagte eine der ande-

ren Frauen im Zimmer zu mir: ›Komm schon, Mary, so schlimm ist es doch nicht.‹«

Die Entbindungen in Nicaragua gingen alle »natürlich« vor sich – es gab schlicht keine Narkotika –, aber niemand sorgte dafür, daß die Frauen Atem- oder Preßübungen und andere Schwangerschaftsgymnastik machten. Das wollte Mary mit ihren Aufklärungsprogrammen ändern.

Yolanda fragte Mary, ob sie vor einer ihrer Frauengruppen einen Vortrag halten könne. Mary war einverstanden; ihre Arbeit mit einer Gruppe von Miskito-Indianerinnen stand vor dem Abschluß.

»Meine Frauen brauchen Unterricht in Erster Hilfe«, sagte Yolanda. »Simple Dinge – wie man zum Beispiel während und nach einem Contra-Angriff überlebt und Kinder ernährt.«

Ich fragte kleinlaut, was es für sie bedeutete, ständig im Angesicht des Todes zu leben. Mary, Julio und Yolanda fuhren oft sechzehn bis siebzehn Stunden lang in kleinen Booten durch den Dschungel, um abgelegene Dörfer zu besuchen. Wie fühlte man sich dabei?

»Man gewöhnt sich dran. Wenn es passiert, passiert es«, sagte Mary. »Die Menschen hier haben sich an den Tod gewöhnt. Die Jugend dieses Landes geht dabei vor die Hunde.«

Julio bildete Leute in Bluefields aus, damit sie seine Arbeit übernehmen konnten; in etwa einem Jahr wollten er und Mary Bluefields verlassen. Insgeheim dachte ich: Ich wünsche euch, daß ihr es schafft. Aber ich sprach es nicht aus, und ich sagte Mary auch nicht, wieviel stille Bewunderung ich an diesem Tag empfunden hatte. Statt dessen erklärte ich mich bereit, am folgenden Tag – einem Sonntag – bei ihr zu Hause ein indisches Essen zu kochen.

Am Sonntag morgen schien die Sonne. Ich saß auf der Veranda vor meinem Hotel und sah den Nachbarn zu. Auf der gegenüberliegenden Straßenseite lag das Instituto de Belleza Ilse; heute war es geschlossen, und Ilse saß auf dem Balkon über ihrem Institut und trank ihren Frühstückskaffee. Die Sonne beschien auch das höckerige, hölzerne Bibliotheksgebäude mit seinen gekürzten Reader's-Digest-Romanen. Bis vor zwei Monaten hatte in diesem Haus June Beer geherrscht, Bibliothekarin, naive Malerin und kauziges Original. Vor kurzem war sie leider gestorben.
Aus Ghettoblastern, die auf der Schulter vorbeigetragen wurden, erklangen Fetzen von Kirchenmusik und Reggae. An einem hellgelb gestrichenen Bus war ein Schild mit der Aufschrift »Beförderung von Fisch verboten« zu sehen. Die Kirchenglocke der Herrnhuter Brüdergemeine wurde geläutet. Erwachsene und Kinder machten sich auf den Weg zur Sonntagsschule. An hölzernen Verandageländern hingen gebrauchte Kleider zum Verkauf aus. Mütter gingen mit ihren Kindern in die Cafés von Bluefields, wo sie ihnen Saft bestellten. Um neun Uhr prasselte ein heftiger Regenguß herab. Um zwanzig nach neun war der Himmel wieder wolkenlos. Auf der Straße klatschten Kreolen in die Hände: »He, Mann, was man von dir für Geschichten hört.« Es war ein friedvoller Augenblick, und ich genoß ihn. Bald würde es Zeit sein, zu Mary zu gehen und zu kochen.

Das Essen war nicht sehr geglückt; das meiste Gemüse, das ich verwendete, hatte ich nie auch nur aus der Ferne gesehen. Aber es war eine Geste, ein Angebot, etwas für sie zu tun. Nach dem Essen verabschiedete ich mich von Mary und dem kleinen Julito und brach auf, um mein Flugzeug nicht zu verpassen.

Während ich auf den Wagen wartete, der mich zum Flughafen bringen sollte, lernte ich Carols Rigby kennen, ein stadtbekanntes Original. Rigby war ein schwarzer Dichter mit Dreadlocks, der englisch und spanisch schrieb. Um keinen falschen Eindruck zu erwecken, muß ich hinzufügen, daß er trotz der Dreadlocks kein Rastafari war.

Wir sprachen über sein Schreiben. Er sagte, inzwischen erscheine es ihm wichtiger, auf spanisch als auf englisch zu schreiben, wenngleich er das eine nicht um des anderen willen aufgegeben habe. »Ich bemühe mich, meinen spanischen Wortschatz zu erweitern«, erklärte er. Ich fragte ihn, wie sein Verhältnis zur englischen Sprache sei: War er – wie viele andere afro-karibische englischsprachige Lyriker – der Ansicht, daß er auf kreolisch schreiben sollte, in der Sprache, die der Dichter Braithwaite aus Barbados als *nation language* bezeichnet hatte?

»Ja, das habe ich mich auch gefragt«, sagte Rigby. »Aber weißt du, ich finde es doch ein bißchen folkloristisch, auf kreolisch zu schreiben.« Ich sagte, in Südlondon gebe es einige Schriftsteller, die ihm da vehement widersprechen würden.

»Südlondon?« sagte er und spitzte die Ohren. »Lambeth? Kennst du Lambeth?«

»Lambeth kenne ich«, sagte ich.

»Mit Lambeth haben wir eine Städtepartnerschaft«, sagte er nicht ohne Stolz.
Dann redete er über seine Bekanntschaft mit Ginsberg, der ein Kapitel aus Rigbys letztem, noch unvollendetem Werk gelesen und gelobt hatte; es handelte sich um einen phantastischen Roman über Nicaragua. (Phantastische Literatur? Was hätte Tagoré dazu gesagt?) Er rezitierte mir ein Schmähgedicht, das er auf spanisch gegen Obando und Bischof Vega geschrieben hatte, und erklärte mir sorgfältig alle Wortspiele, die darin vorkamen. Dann schweifte er ab und erzählte mir von den Medizinmännern der Gegend, den *sukié*, denen fast alle Dorfbewohner an der Lagune vertrauten. »Echte Medizinmänner«, versicherte er mir. »Sie tanzen, wenn sie ihre Arznei verschreiben.«
Als die ersten westlich ausgebildeten Ärzte in die Dörfer gekommen waren, hatten die Bewohner sich nicht von ihnen behandeln lassen; sie sagten, sie hätten schon ihre Medizinmänner. Heutzutage arbeitete die Regierung mit den *sukié* zusammen und wirkte durch sie auf die Leute ein. Auch das war ein Zeichen der Anpassungsfähigkeit, des Pragmatismus der Revolution.
Es fing zu regnen an, als der Wagen kam. Rigby sagte mir auf Wiedersehen. »Das hört gleich wieder auf«, sagte er. »Früher, wenn Somoza befahl, daß es zu regnen aufhören sollte, hörte es auf zu regnen. Irgendwas machen diese Sandinistas falsch.«

Unzählige schwarze Schmetterlinge – schwarz mit weißen Tupfen auf den Flügelspitzen – flatterten am Straßenrand. Kinder stießen mit Stöcken nach ihnen. Auf der Landebahn erhob sich ein Wind und blies einen großen Schwarm der Schmetterlinge direkt auf mich zu. Als ich zum Flugzeug ging, hüllte mich dieser Schwarm wie eine Wolke ein und geleitete mich aus der Stadt. Es kam mir vor wie ein kleines Wunder, wie eine Epiphanie.

Eine Stunde nachdem ein Wirbelsturm in Managua ganze Bäume entwurzelt hatte, kam ich dort an. Ich war froh, daß das leichte Flugzeug, in dem ich gekommen war, nicht in den Sturm geraten war. Vielleicht hatten die Schmetterlinge mir Glück gebracht.

13 Doña Violetas Sicht der Dinge

In Managua galt es einem weiteren Geist zu begegnen. Im Jahr 1978, als Somoza sich durch seine zunehmende Habgier große Teile der nicaraguanischen Oligarchie entfremdet hatte, fing man an, den Herausgeber von *La Prensa*, Pedro Joaquín Chamorro, als möglichen Nachfolger in Betracht zu ziehen. Somoza ließ ihn ermorden und besiegelte damit sein eigenes Schicksal: Nach dieser Tat wollten ihn alle loswerden, sogar die USA. Chamorros Geist erschien mit blutbefleckten Locken beim Fest des Tyrannen und nahm seinen Sitz ein.

Ich suchte das Büro von *La Prensa* auf, um mich mit Violeta Barrios de Chamorro zu treffen, Pedro Joaquíns respekteinflößender Witwe, der Matriarchin des Chamorro-Clans, der durch einen tiefen Zwist gespalten war. Ihr ältester Sohn Pedro Joaquín junior lebte in Costa Rica im Exil, der Jüngere, Carlos Fernando Chamorro, war Herausgeber der sandinistischen Tageszeitung *Barricada*. Einer der Brüder ihres verstorbenen Mannes, Jaime Chamorro, war der Geschäftsführer von *La Prensa*; der andere, Xavier Chamorro, war der Verleger von *El Nuevo Diario*, der Zeitung, die von den zahlreichen unzufriedenen Journalisten gegründet worden war, die sich nach der Revolution von *La Prensa* abgewendet hatten, weil sie ihnen zu konservativ geworden war. Eine ihrer Töchter, Cristina, arbeitete bei *La Prensa* (sie schaute während meines Ge-

sprächs mit ihrer Mutter herein und sagte guten Tag), die andere, Claudia, war die sandinistische Botschafterin in Costa Rica, die ich in Daniel Ortegas Haus kennengelernt hatte.
Doña Violetas eigener Standpunkt war frei von Zwiespältigkeiten. Ihr Widerstand gegen die FSLN kannte keine Trübungen oder Grauzonen. »Das hier ist ein kommunistischer Staat«, sagte sie. »Die Regierung behauptet, wir seien *Cia*, wir seien das Reagan-Blatt. Bitte sehr. Unter Somoza hieß es, wir seien ein Revolverblatt, wir seien Kommunisten. Aber wir sind immer für Frieden und Demokratie eingetreten. An dem Tag, als unsere Zeitung verboten wurde, lautete die Überschrift des Leitartikels: *Wir wollen Frieden*. Das sind die Überzeugungen, um derentwillen mein Gatte Pedro Joaquín Chamorro ermordet wurde, und zu diesen Überzeugungen werden wir immer stehen. Wir sind nicht die Kommunisten in diesem Land.«
Das erste, was mir an Doña Violeta auffiel, war der viele Schmuck, den sie trug: goldene Armbänder und Ohrringe und schwarze Korallen. In Nicaragua war solcher Prunk für mich etwas Unerwartetes und deshalb in einer Weise auffällig, wie er es in London oder New York, ja, selbst in Bombay nicht gewesen wäre. Der Schmuck verkündete ostentativ, daß an den Geist des »neuen Nicaragua« keine Zugeständnisse gemacht wurden.
Als zweites fiel mir auf, wie häufig sie sich auf ihren verstorbenen Mann bezog. Dabei fiel mir eine viel jüngere Frau in einer ganz anderen Lage ein, Pakistans Benazir Bhutto, die bei jedem öffentlichen Auftritt ihren Vater

erwähnte, weil sie genau wußte, daß sein Gespenst ihren Erfolg bei den Massen bewirkte. (Sie bezeichnete ihn als *Shaheed sahib*, Herrn Märtyrer.) Der zum Märtyrer gewordene Pedro Joaquín war von den politischen Parteien jeglicher Couleur respektiert worden, und Doña Violeta achtete sorgsam darauf, daß ihre Widersacher ihn sich nicht unter den Nagel rissen.

Sie war eine zierliche Frau von gelassenem Auftreten, sehr elegant, mit kurzgeschnittenem grauem Haar. Ihre Worte klangen kampfgewohnt: hart, unerbittlich, vorformuliert. Unser Gespräch verlief in vertrauten Bahnen. »In den letzten viereinhalb Jahren«, sagte sie, »hat man uns stärker zensiert als in allen vorangegangenen Jahrzehnten der Somoza-Herrschaft. Daran können wir und die Weltöffentlichkeit erkennen, daß die Regierung ihre Maske abwirft und sich als marxistisch-leninistischer, totalitärer Staat zu erkennen gibt.« Der Begriff marxistisch-leninistisch in Doña Violetas Mund war eine Aburteilung, ein Urteil, gegen das Berufung einzulegen zwecklos war. »Fernseh- und Radiosender werden vom Staat kontrolliert«, sagte sie. »Unsere Zeitung war als letztes übriggeblieben, und jetzt gibt es sie nicht mehr.« Ich wollte bei ihrer Behauptung über die Radiosender nachhaken – gab es nicht verschiedene unabhängige kleine Privatsender? und die Frequenzen unterlagen doch keiner Vorzensur, oder täuschte ich mich da? –, aber sie überging meine Einwände und überreichte mir ein Dossier mit Unterlagen zum Verbot der Zeitung. Als sie mir die einzelnen Schriftstücke erläuterte, tat sie etwas sehr Eigenartiges.

Eines der Dokumente war die Fotokopie der in *Barricada* angekündigten »Einstellung« ihrer Zeitung »für unbestimmte Dauer«. Zwei Zeilen unten im Text hatte sie für mich unterstrichen. Sie lauteten: »... *esta Dirección resolvió suspender por tiempo indefinido las ediciones del diario La Prensa.*«

Zu deutsch: »... hat dieses Direktorium beschlossen, das Erscheinen der Zeitung *La Prensa* für unbestimmte Zeit einzustellen.« Doña Violeta machte mich auf die Worte »dieses Direktorium« aufmerksam. Sie sagte, mir sei gewiß bekannt, daß die neunköpfige Führungsspitze der FSLN als Nationales Direktorium bezeichnet werde. »Und das beweist, daß die Entscheidung, unsere Zeitung zu verbieten, nicht von der Regierung, sondern von der Partei getroffen wurde.« Das gehörte zu einer ihrer Kernthesen: Im marxistisch-leninistischen Nicaragua lag alle faktische Macht bei der Partei.

Da das Dokument in Spanisch abgefaßt war, studierte ich es erst nach unserem Gespräch eingehender. Dabei stellte ich fest, daß der Schriftkopf besagte: »Direktorium des Innenministeriums für Kommunikationsmedien«, und dieselben Worte fanden sich groß und deutlich am Ende der Ankündigung. Es war völlig klar, daß die von Doña Violeta unterstrichene Passage sich auf *dieses* Direktorium bezog und nicht auf die neun Comandantes; daß das Dokument, das sie mir überreicht hatte, letzten Endes das Gegenteil dessen bewies, was sie behauptete.

Doña Violeta beklagte sich auch wiederholt darüber, daß die nicaraguanische Regierung als einzige Gruppe der Gesellschaft die Möglichkeit habe, »überallhin zu reisen, soviel Propaganda zu betreiben, wie sie wolle, und der ganzen Welt ihre Sicht der Dinge darzustellen«. Dessenungeachtet erwähnte sie im Verlauf unseres Gesprächs mindestens zwei Vortragsreisen, die sie selbst in jüngster Zeit unternommen hatte, die eine nach Portugal, die andere in die USA, »wo ich mit vielen Kongreßmitgliedern aller Parteien über *La Prensa* und das Lebenswerk meines Gatten Pedro Joaquín Chamorro gesprochen habe«. Und wo hielt sich gegenwärtig der Chefredakteur ihrer Zeitung auf? Er weilte im Ausland. Jeder, der die westliche Presse verfolgte, wußte, daß Journalisten aus aller Welt sich bei *La Prensa*, beim konservativen Verband der Geschäftsleute COSEP, bei Oppositionspolitikern wie dem Liberalen Virgilio Godoy und last not least bei Kardinal Obando y Bravo die Klinke in die Hand gaben. Die Behauptung, der nicaraguanische Staat bestimme die Meinung der Weltöffentlichkeit – womit Doña Violeta sich als armes kleines Hascherl hinstellte –, war ein weiteres Beispiel dafür, wie unredlich – und wie durchsichtig – ihre Argumentationsweise war. »Die Sandinisten können über uns sagen, was ihnen paßt«, beschwerte sich Doña Violeta, »während wir keine Chance haben, unseren Standpunkt zu vertreten.« »Sie vertreten ihn mir gegenüber«, erinnerte ich sie, »wie Sie es jedem gegenüber tun, der hierherkommt.« Sie sah mich mit ihrem hoheitsvollsten Blick an. »Ich hoffe, daß Sie meine Worte nicht entstellt wiedergeben werden, Mr. Rushdie.«

»Ich werde mir größte Mühe geben«, versicherte ich ihr.

»Ich möchte klarstellen«, sagte Doña Violeta, »daß Daniel Ortega nicht wirklich Präsident ist – nicht durch den Willen des Volkes. Die Wahlen wurden manipuliert.«
Ich antwortete, die meisten ausländischen Beobachter hätten übereinstimmend ausgesagt, es seien die freiesten Wahlen gewesen, die es je in Lateinamerika gegeben habe, und eine Wahlbeteiligung von fast achtzig Prozent lasse doch vermuten, daß das Volk sowohl für die Wahl als auch für den Präsidenten gestimmt habe?
Sie erwiderte: »Das behaupten die Sandinisten, aber es ist nicht wahr. Die Wahlbeteiligung war nicht so hoch.«
»Wie hoch war sie?«
»Ich habe die genauen Zahlen jetzt nicht im Kopf.«
Als wir uns wieder dem Thema des Verbots von *La Prensa* zuwandten, konnte Doña Violeta stichhaltige Argumente vorbringen. Ich stellte die Frage: »Immer wieder wurde behauptet, ein Grund für das Verbot sei der Umstand gewesen, daß Artikel – über die Lebensmittelknappheit zum Beispiel – veröffentlicht wurden, die in der Bevölkerung Hysterie auslösen könnten.« Sie antwortete: »Sie zensieren alles. Ich sagte es Ihnen ja, viereinhalb Jahre der Zensur. Deshalb können wir nichts veröffentlichen, was nicht von der Zensur genehmigt wurde.« Es war ihr schlagendstes Argument; wenn die Zensur ohnehin dermaßen streng war, warum dann noch die Zeitung verbieten?
»Die Regierung behauptet, die Linie Ihrer Zeitung sei im Kriegszustand nicht zu tolerieren, weil Sie die Konterrevolution unterstützten«, sagte ich. Sie wiederholte ihr vorheriges Argument, dem sich nichts entgegensetzen ließ: »Alles, was bei uns erschien, ist über den Tisch des Zensors

gegangen. Wir schickten unsere Artikel zusammen mit den Lückenbüßern ein, die wir verwenden mußten, wenn sie Artikel nicht freigaben.« Leere Kolumnen und Fotos von Hollywoodstars waren nicht erlaubt.

»Manchmal gab es Dinge, die unbedingt bekanntgemacht werden mußten«, fuhr Doña Violeta fort. »Wir druckten sie – wir kamen nachmittags heraus, *Nuevo Diario* und *Barricada* erscheinen morgens –, und uns zensierte man. Am nächsten Morgen erschienen unsere Berichte dann in den anderen Zeitungen – *die* waren nicht zensiert worden. Wir beschwerten uns, und man gestattete uns, die Artikel zu drucken, aber dann war es natürlich zu spät.«

Ich fragte: »Können Sie mir Beispiele für Berichte nennen, die die anderen Zeitungen veröffentlichen durften, während Ihre Fassungen zensiert wurden?«

»Nein, im Augenblick nicht.«

Ich fragte: »Sie sagen, die Zeitung habe sich gegenüber früher nicht verändert, aber drei Viertel Ihrer Journalisten sind weggegangen und haben ein Konkurrenzunternehmen aufgemacht.«

»Ach«, sagte sie, »das waren lauter Marxisten-Leninisten. In *La Prensa* verfolgen wir die Linie meines verstorbenen Gatten Pedro Joaquín Chamorro.«

»Aber wenn diese Journalisten unter Pedro Joaquín Chamorro für die Zeitung gearbeitet haben und ausgeschieden sind, als ein neuer Herausgeber kam, heißt das dann nicht, daß die Zeitung notgedrungen nicht mehr dieselbe sein kann, die sie zu Zeiten Ihres Gatten war?«

»Journalisten kommen und gehen«, sagte sie. »Wie bei

Todesfällen auch: Es gibt immer jemanden, der die Nachfolge antritt. Dadurch ändert sich doch nichts.«

Sie hatte mehrmals ein Angebot in Höhe von »vielen Millionen Dollar« erwähnt, das ihren Worten zufolge Xavier Chamorro vom *Nuevo Diario* Jaime Chamorro von *La Prensa* gemacht haben sollte. »Sie wollten die Zeitung aufkaufen. Sie verstehen? Schon vor Monaten hatten sie vor, unsere Zeitung zu verbieten.«

Aber das war doch gewiß nicht die einzig mögliche Erklärung für das Angebot? Hatten nicht vielleicht die einstigen Angestellten von *La Prensa* auf diesem Weg wieder Einfluß auf die Zeitung mit dem besten Ruf im Lande gewinnen wollen? Doña Violeta war nicht umzustimmen. Sie beharrte darauf, daß das Angebot beweise, daß die FSLN (die nicht Besitzerin des *Nuevo Diario* war, wenngleich sie ihn mitfinanzierte) seit langem darauf hingearbeitet habe, ihre Zeitung zu verbieten.

Ich sagte: »Die Regierung erklärt, sie könne beweisen, daß Sie Geld von der CIA genommen hätten, Gelder der Heritage Foundation.« »Dann sollen sie ihre Beweise doch vorlegen«, verlangte sie. »Das haben wir nicht getan. Aber die marxistische Regierung nimmt Geld von der Sowjetunion und von den Kubanern. Und die einzigen, die wirklich für eine echte Demokratie eintreten, müssen zumachen.«

Doña Violeta war Mitglied der Regierungsjunta gewesen, die Nicaragua vom Sturz Somozas bis zu den Parlamentswahlen regiert hatte. (Die anderen Mitglieder waren Alfonso Robelo gewesen, der Magnat, der heute im Exil die von Costa Rica aus operierende konterrevolutionäre ARDE leitet, Moisés Hassan, der »ägyptische« Bürgermeister von Managua, Daniel Ortega und Sergio Ramírez.) Nach nur neun Monaten verließ sie die Junta, weil »sie nichts von meinen Ansichten wissen wollten. Ich war nicht zum Zwecke der persönlichen Bereicherung oder aus sonstigen unlauteren Beweggründen in die Junta eingetreten, sondern weil ich aufrichtig bestrebt war, beim Aufbau einer Demokratie mitzuwirken. Aber ich merkte bald, daß alles bereits von außen gelenkt wurde ... es war nicht das, was ich mir vorgestellt hatte.«

»Von außen?« fragte ich. »Können Sie das etwas näher ausführen?«

»Gewiß«, sagte sie. »Nach neun Monaten wußte ich, daß wir nicht den Amtseid erfüllten, den ich geleistet hatte.«

»Und ein paar Beispiele?«

»Die Berater, die kamen, waren Kubaner«, sagte sie.

»Aber warum sind Sie zurückgetreten?« fragte ich. »Ging es um etwas Bestimmtes, gab es einen entscheidenden Auslöser, etwas, was Sie unter keinen Umständen vertreten konnten?«

»Es ging um mein Gewissen«, sagte sie. »Sie wollten die Junta mit Hilfe des Andenkens meines Gatten Pedro Joaquín Chamorro und des Rufs unserer Zeitung legitimieren. Sie taten so, als seien sie demokratisch und pluralistisch. Aber ich habe schnell gemerkt, daß das nicht stimmte.«

»Aber«, versuchte ich es ein letztes Mal, »woran haben Sie das erkannt?«

»Jeder, der nach Nicaragua kommt, merkt das«, sagte sie.

»Sie müssen wissen, daß der Großteil unseres Volkes wahre Katholiken sind, nicht Anhänger dieser Bewegung, die die Kirche spalten will. Die Menschen in Nicaragua, die keine Marxisten-Leninisten sind, sind sehr traurig. Deshalb gibt es diesen Krieg zwischen den Nicaraguanern.«
Ich fragte, welche Lösung sie vorschlage. »Die Situation in Nicaragua sollte ohne Einmischung von Sowjets, Kubanern oder Nordamerikanern bereinigt werden«, erwiderte sie. »Aber in diesem Land wird nichts bewirkt werden, egal, wie viele Hunderte von Millionen Dollar man auch darauf verwenden mag, solange Daniel Ortega nicht lernt, mit dem Volk zu sprechen.«

Ich teilte Violeta de Chamorros Ansicht, daß das Verbot von *La Prensa* ein Fehler war. Abgesehen von allem anderen bewiesen die verbotenen Artikel, die an die Eingangstür geheftet waren, daß *La Prensa* die beste Zeitung vor Ort gewesen war, weil sie Kritik und Herausforderung nicht gescheut hatte. (Ein bescheidenes Lob, wenn man die windelweiche Konkurrenz in Betracht zog.) Aber die Art und Weise, wie Doña Violeta mich behandelt hatte, bezeugte einen ziemlich leichtfertigen Umgang mit der Wahrheit. Ein bißchen beschönigendes Zurechtzupfen der Tatsachen schien ihr nicht schwerzufallen. Und befremdlich war, daß sie am wenigsten von allen Leuten, mit denen ich gesprochen hatte, dazu zu bewegen gewesen war, auf Details einzugehen. Normalerweise gehört es zum Repertoire der Politiker, mit Verallgemeinerungen und vagen Unterstellungen zu arbeiten, die sich mit Fakten oder Einzelfällen nicht belegen lassen. Es war sonderbar, daß eine Journalistin meine Fragen nach Belegen so leichthin abtun konnte.

Als ich ging, tönte mir ihre Ermahnung in den Ohren, ihre Worte nicht entstellt wiederzugeben. Ich habe mich bemüht, es nicht zu tun. Aber ich muß gestehen, daß mir die Vorstellung, diese aristokratische Dame sei dem Volk näher als Leute wie, sagen wir, Carlos Paladino in Matagalpa oder Mary Ellsberg in Bluefields oder selbst Daniel Ortega, nicht sehr einleuchtend vorkam. Und ich bin mir fast sicher, daß mein Mißtrauen nichts mit ihren Juwelen zu tun hatte.

14 Miß Nicaragua
und der Jaguar

Meine letzte Nacht in Nicaragua war warm und sternenklar, und ich verbrachte sie bei Tulita und Sergio Ramírez, wo wir uns hauptsächlich über Literatur unterhielten. Ich erfuhr, daß der »Literaturpapst« von *La Prensa*, Pablo Antonio Cuadra, der sich als einziger bekannterer nicaraguanischer Dichter gegen die Revolution stellte, demnächst im staatseigenen Verlagshaus New Nicaraguan Editions eine Ausgabe seiner Werke herausbringen würde; Bücher unterlagen keiner wie auch immer gearteten Zensur. (Und sie verkauften sich gut; Auflagen von zehntausend Exemplaren waren schnell ausverkauft – was die meisten Autoren in einem Land wie Großbritannien, das zwanzigmal so viele Einwohner zählt wie Nicaragua, neidisch stimmen dürfte.)

Unter Somozas Herrschaft hatte es in ganz Nicaragua keinen einzigen Verlag gegeben. Für nicaraguanische Schriftsteller bestand die einzige Veröffentlichungsmöglichkeit darin, in einem anderen spanischsprachigen Land einen Verleger zu finden, und dann konnten sie nur hoffen, daß das fertige Buch nach Nicaragua eingeführt würde. Auch das war ein Indiz dafür, daß sich die Dinge seit den Zeiten der Bestie, den sechsundvierzig Jahren der Angst, zum Besseren gewendet hatten.

Der Originaltitel von Sergio Ramírez' wunderbarem Roman *¿Te dío miedo la sangre?* (Hast du dich vor dem Blut gefürchtet?) entstammte einem Kinderreim (»Hat deine Mutter das Schwein geschlachtet? Hast du dich vor dem Blut gefürchtet?«). Der englische Titel, *To Bury our Fathers*, bezog sich auf *Die Vögel* des Aristophanes, wo es heißt:

> O Einfalt! Du hast dich nicht umgetan und
>   deinen Äsop nicht gelesen,
> Der es deutlich doch sagt, daß die Schopflerch
>   einst der erste der Vögel gewesen,
> Eh die Erde noch war! Und da sei ihr am Pips
>   ihr Vater gestorben und habe
> Fünf Tag' unbeerdigt gelegen, dieweil die Erde
>   noch nicht existierte;
> Aus Verzweiflung grub dann im eigenen Kopf
>   sie ein Loch zu des Vaters Bestattung.

Dieser Roman hatte mich auf meiner Reise durch Nicaragua begleitet. Die Handlung spielte in der Zeit Sandinos und bestand aus vielen zusammenhängenden Einzelgeschichten, die höchst raffiniert miteinander verwoben waren: aus den Lebensgeschichten dreier Freunde und Revolutionäre, Taleno, Jilguero und Indio Larios, der sich den Ruf erwarb, einer der meistgesuchten Männer Nicaraguas zu sein, aber in Wirklichkeit wenig Initiative zeigte und seine Zeit damit verbrachte, in Guatemala *piñatas* für Kindergeburtstage zu basteln, weil er kampfmüde geworden war, der Geschichte von Catalino Lopez, Oberst der Nationalgarde, und vieler einfacher Menschen – Kneipenwirte, Kneipengäste, Gitarristen, Fischer, Verräter und Huren. Niederträchtige Taten wurden geschildert, zum Beispiel, wie der Kopf von Sandinos General Pedrón Altamirano auf einen Stock gespießt nach Managua gebracht wurde, aber auch eher komische Niederträchtigkeiten wie die Schiebung bei der Miß-Nicaragua-Wahl von 1953. Und hinter allem war der böse Geist des Tyrannen, den man *el hombre* nannte – den Mann. Indem man seine Vorfahren im eigenen Kopf begrub, im Gedächtnis, verlieh man ihnen eine Art von Unsterblichkeit, die einzige Unsterblichkeit, die Menschen einander bieten können. Gleichzeitig bedeutete es natürlich, daß die Erinnerung an sie einen nie loslassen würde.

Dieweil die Erde noch nicht existierte – diese Worte des Aristophanes-Zitats, das dem Buch als Motto vorangesetzt war, gaben mir zu denken. Hier schien sich Uriel Molinas Gleichnis vom Nicaragua Somozas als Gefangenschaft und Exil in anderer Form zu wiederholen. Die nicaraguanische Auslegung des Aristophanes-Zitats konnte nur heißen, daß das Land in jenen Tagen *nicht existiert hatte*. Ein Volk ohne Land, ohne Nation begrub die Väter im eigenen Inneren, weil es sich nur darauf wirklich verlassen konnte.

Da ich das Buch gerade erst ausgelesen hatte, bestürmte ich Sergio Ramírez mit all den Fragen, die man als Schriftsteller verwünschen gelernt hat: Was war wahr und was nicht? Gab es lebende Vorbilder für die Figuren im Buch? »Alles ist wahr«, erklärte er. »Alles gründet auf realen Ereignissen.« Ramírez hatte sich jahrelang mit der Zeit Sandinos beschäftigt, ehe er begann, das Buch zu schreiben. »Es gab wirklich jemanden wie Indio Larios«, sagte er, »der ständig ganz oben auf der Fahndungsliste stand, aber nie einen Fuß nach Nicaragua setzte, weil ihn der Mut verlassen hatte. Und der wirkliche Catalino Lopez war ein Busenfreund von Somoza García und hieß Manuel Gomez. Aber die Prügel, die er von Jilguero und den übrigen kriegt« (im Roman hatten die drei Freunde den Nationalgardisten gefangen und gedemütigt) »die hat in Wirklichkeit jemand anders bekommen. Es hieß oft, er sei vergewaltigt worden.«

»Im Roman sagen Sie ja gar nicht explizit, was man mit Catalino angestellt hat.«

»Es gab viele Möglichkeiten«, sagte Ramírez voller Behagen. »Ich wollte mich nicht festlegen. Und das andere, das ebenfalls keine Erfindung von mir ist, ist die Geschichte mit der Mißwahl.« Eine gewisse Miß Bermudez, die Tochter eines Guardia-Offiziers, hatte sich neben einer Miß Rosales oder Morales um den Titel beworben. Um seine Stimme für eine der Kandidatinnen abzugeben, mußte man einen Coupon aus der Zeitung ausschneiden und ausfüllen. Die Kandidatur von Miß Bermudez wurde aufgrund von deren Herkunft mit dem Regime in Verbindung gebracht, und deshalb wählten alle ihre Gegenkandidatin. Als *el hombre* davon Wind bekam, versteifte er sich darauf, daß Miß Bermudez nun erst recht die Wahl zu gewinnen habe. Seine Handlanger druckten massenweise gefälschte Coupons und kreuzten Miß Bermudez an. Die Geschichte wuchs sich zu einem handfesten Politikum aus. An dem Tag, an dem das Wahlergebnis bekanntgegeben wurde, hieß es, Miß Bermudez habe ganz knapp gesiegt. »Natürlich wußten alle, daß es Schiebung war«, sagte Sergio.

»Kein Mensch hatte sie gewählt, und sie hätte von Rechts wegen haushoch verlieren müssen. Es gab einen ganz schönen Tumult. Die Geschichte war zu gut, um sie nicht zu verwenden.«

Er erzählte mir, daß er sich lange Zeit ein bißchen wie ein Hochstapler vorgekommen sei, wenn er als Romancier bezeichnet wurde. »Es ist so lange her, daß ich dieses Buch geschrieben habe, und seitdem habe ich fast ausschließlich politisch gearbeitet. Ich kam mir vor wie jemand, der von seinem alten Kapital zehrt.« Aber nun schrieb er an einem neuen Roman; jeden Tag arbeitete er frühmorgens zwei Stunden daran. »Es ist ein Buch, wie es niemand von mir erwartet hätte«, sagte er begeistert. »Eine Art Krimi, der sich auf einen berühmten Fall bezieht, der vor ein paar Jahren passierte. Tolles Material.«

Er wirkte sehr zufrieden mit seinem Sensationsstoff. »Ich habe einen Entwurf fertiggestellt«, sagte er. »Das habe ich auch«, erwiderte ich düster. »Ich habe drei Jahre dafür gebraucht, und dabei war ich in der Zwischenzeit nicht einmal Vizepräsident.«

Gioconda Belli, die unverschämt schöne Lyrikerin, die ich in den Ruinen des Grand-Hotels lesen gehört hatte, erschien mit ihrem deutschen Verleger und einem Fotografen im Schlepptau. Ich erzählte ihr, daß ich das Interview gelesen hätte, das Margaret Randall mit ihr geführt hatte. »Oh«, sagte sie, »seit damals habe ich meine Meinung völlig geändert.« Damals war sie Feuer und Flamme dafür gewesen, ihr Schreiben der Arbeit am Wiederaufbau der Nation unterzuordnen. »Inzwischen habe ich meinen Job

an den Nagel gehängt, um einen Roman schreiben zu können«, sagte sie. »Mein erster Roman. Eine schreckliche Erfahrung.«
Ich sagte, es habe mich gewundert, daß es in diesem Land, in dem es von Lyrikern geradezu wimmelte, verhältnismäßig wenige Romanciers gab. »Für Romane hatte man nie genug Zeit«, meinte sie. »Die Lyrik konnte man schnell zwischen anderen Sachen einschieben. Mit einem Roman geht das nicht.«
Allen Engpässen zum Trotz gab es also einen Artikel, der in letzter Zeit in etwas größeren Mengen verfügbar geworden war: Zeit. Oder spürte man vielleicht, daß die Zeit langsam ablief, und nahm sich, was man kriegen konnte, bevor es zu spät sein würde? Der Fotograf sprang unterdessen unentwegt um Gioconda herum und fotografierte sie aus jeder erdenklichen Position. »Und, wie war es?« fragte sie mich.
»Ich habe auch Schnappschüsse gemacht«, sagte ich. »Viel mehr kann man in so kurzer Zeit nicht tun.«

Ein Schnappschuß von Gioconda: Zu Somozas Zeiten arbeitete sie nach ihrem Eintritt in die Befreiungsfront auch nach wie vor in einer Werbefirma in Managua, für die sie Reklametexte formulierte. Das hatte ich seinerzeit auch getan, und ich sagte: »Oh, sehr gut. Noch jemand, der sich seiner Vergangenheit schämen muß.« Die Werbeleute wären nicht im Traum auf die Idee gekommen, daß Gioconda Sandinistin war. Eines Tages wurde sie gewarnt, daß die Obrigkeit ihr auf der Spur sei, und sie verließ auf einem Schleichweg umgehend das Land und ging nach Costa

Rica. Zwei Tage nach ihrer Flucht erschien die Nationalgarde in der Werbefirma, um sie festzunehmen. Ihre Arbeitskollegen waren wie vor den Kopf geschlagen: Gioconda? Unmöglich – so ein nettes, hübsches Mädchen. Die Naivität der Werbefritzen, lautete ihr Kommentar dazu. Sie hatte jahrelang Giocondas Sicherheit gewährleistet.

Kurz bevor ich mich verabschiedete, wurde zufällig erwähnt, daß der englische Romancier, den sowohl Gioconda Belli als auch Sergio Ramírez am meisten bewunderten, Lawrence Durrell war. »Darauf wäre ich nie gekommen«, sagte ich.
»Ich weiß, daß man in England nicht über ihn spricht«, sagte Gioconda, die in Suffolk gelebt hatte. »Vielleicht ist er den Engländern zu unenglisch.« Sergio sagte, vor Jahren habe er Durrell sehr bewundert und sei stark von ihm beeinflußt worden. »Heute traue ich mich nicht, ihn wiederzulesen, aus Furcht, eine Enttäuschung zu erleben.«
Auf diese Bemerkung hin wünschte ich beiden eine gute Nacht.
»Kommen Sie wieder«, sagte Sergio Ramírez. »Meinen Sie, daß Sie wiederkommen werden?«
»Ich komme wieder.«

Während meines ganzen Aufenthalts in Nicaragua hatte ich bei allen Liedern und Gedichten und Prosavorträgen immer an den Limerick über das junge Mädchen aus Nicaragua, seinen Ritt und das vertauschte Lächeln denken müssen. Zeitweise war es so unerträglich geworden wie bei einer Melodie, die man nicht aus dem Kopf bekommt. Und in meiner letzten Nacht in Nicaragua suchte der Limerick meine Träume heim – besser gesagt, das Lächeln aus der letzten Zeile, das Lächeln auf dem Gesicht des Jaguars, bloß daß es kein Gesicht gab. Durch eine formlose Landschaft, die sich ständig veränderte, verfolgte mich diese todbringende Grimasse; man hätte sie mit dem Grinsen der Cheshire-Katze vergleichen können, wenn nicht die langen, gebogenen Zähne gewesen wären, von denen schaurig das Blut tropfte. In meinem Traum rannte ich um mein Leben, auf der Flucht vor dem Lächeln des Jaguars.

Ich erwachte in einem Wirrwarr von Alptraum, Limerick und Schweißausbruch. Als ich dalag und allmählich zur Besinnung kam, fiel mir ein, daß man den Limerick, wenn man ihn auf das heutige Nicaragua bezog, ebensogut in konservativem wie in radikalem Sinne auslegen konnte, daß es sozusagen zwei Limericks waren und nicht einer, zwei Mädchen aus Nicaragua, die auf zwei Jaguaren ritten, und daß man sich für die Fassung entscheiden mußte, die einem besser gefiel. Wenn man das junge Mädchen als die Revolution sehen wollte, die gerade sieben Jahre alt war, neu und noch voll jugendlichem Idealismus, dann bedeutete der Jaguar die Geopolitik oder die Vereinigten Staaten; der Versuch, dort ein freies Land zu schaffen, wo sich ein halbes Jahrhundert lang eine Art kolonisierter »Hinterhof« befunden hatte, und das auch noch zu einem Zeitpunkt, wo man selbst schwach war und der Feind so gut wie allmächtig, kam in der Tat dem Ritt auf einem Jaguar gleich. So sah die »linke« Auslegung aus. Und wenn das junge Mädchen das Land Nicaragua darstellte und der

Jaguar die Revolution? Nun? Wie sah es dann mit der Interpretation aus?
Ich schloß die Augen und blätterte im Geist in meinen gesammelten nicaraguanischen Momentaufnahmen. Und dann traf ich meine Wahl zwischen den beiden Mädchen auf den beiden Jaguaren. Das Foto, das – wie soll ich sagen – *falsch* aussah, zerriß ich und warf es weg. Auf dem Foto, das ich behielt, erinnerte das Mädchen auf dem Jaguar an die Mona Lisa mit ihrem Gioconda-Lächeln.

Als ich am nächsten Morgen zum Flughafen fuhr, riefen die Plakatwände in Managua mir ihre Abschiedsgrüße nach. »Tuberkulose ist heilbar!« »Konservativismus ist die Familie.« »Tod den Yankee-Eindringlingen!« »K-Othrine Insektizide.« »Konservativismus ist Achtung vor der Kirche.« »Entdeckt den Bahaismus!«
Im Autoradio hielt Daniel Ortega seine Rede vor dem Sicherheitsrat der Vereinten Nationen. Im Dolmetschrhythmus verlangte er, daß die internationale Rechtsprechung und Nicaraguas Recht auf Selbstbestimmung respektiert würden. Nicaragua gegen die Vereinigten Staaten, Daniel gegen Goliath. Das Urteil des Internationalen Gerichtshofs war der Stein in seiner Schleuder.
Die Maus brüllte.
Mein innerer Zwiestreit war noch nicht beendet. Ich dachte darüber nach, daß die Sandinisten in gewisser Hinsicht elitär waren. Sie waren davon überzeugt, daß die Flammen der Revolution sie geläutert, zu »neuen Menschen« gemacht hätten; der Gedanke, daß nur jene, die diese Feuertaufe durchgemacht hatten, zum Regieren taugten, lag

ihnen sicher nicht immer fern. Aber was immer Violeta de Chamorro behaupten mochte, es war und blieb eine Tatsache, daß die Sandinisten durch den Wählerwillen an die Macht gelangt waren und die Regierung als legitime Amtsinhaber ausübten.

Manche unter ihnen waren vermutlich »Kommunisten«, vielleicht sogar »Marxisten-Leninisten« (obgleich die Führer, mit denen ich zusammengekommen war, nicht wie starrsinnige Ideologieverfechter wirkten). Aber wenn Nicaragua ein Staat nach sowjetischem Vorbild sein sollte, dann war ich der Herrscher aller Reußen.

Und dem politischen Geschick, der Entschlossenheit und der Integrität dieser Regierung konnte ich meinen Respekt nicht versagen. In einem Artikel in der *Herald Tribune* hatte J. K. Galbraith kürzlich über »Verkommenheit« und die Reagan-Regierung geschrieben. Früher, stand in dem Artikel, hatten in Amerika Männer mit Geld öffentliche Ämter angestrebt. Heute strebten Männer in öffentlichen Ämtern nach Geld. »Mir war die altmodischere Motivation lieber«, kommentierte es Galbraith.

Es fiel schwer zu glauben, daß eine derartige Regierungsmannschaft moralische Überlegenheit gegenüber Leuten wie Miguel d'Escoto für sich beanspruchen können sollte. Ortega sprach noch immer im Radio. Ich erinnerte mich daran, daß ich ihn gefragt hatte, warum seiner Meinung nach Nicaragua bei den USA zu einer Art fixen Idee geworden war. Ortega hatte geantwortet: »Es geht nicht nur um uns. Was Reagan damit bezweckt, daß er uns kaputtmachen will, ist eine Botschaft an die ganze Region.« Die Botschaft, die man aus einer Vernichtung der FSLN her-

auslesen könnte, wäre klar und eindeutig: Gebt auf, Leute. Findet euch damit ab, daß ihr zum amerikanischen Imperium gehört. Widerstand ist zwecklos; wenn ihr euch wehrt, steht ihr am Ende bloß noch schlechter da als am Anfang. »Tun Sie nur, was wir sagen.«
»Und deshalb«, hatte Ortega fortgefahren, »meinen wir, daß wir diesen Kampf stellvertretend für ganz Mittelamerika führen. Wir kämpfen, um damit zu sagen: Das hier ist nicht irgend jemandes Hinterhof; es ist unser Land.«
Vielleicht war der Kampf zwischen David und Goliath die falsche Metapher gewesen. Vielleicht sollte man Nicaragua lieber mit den Galliern in den berühmten Comics der Franzosen Goscinny und Uderzo vergleichen: mit Asterix und Obelix und wie sie alle hießen, die in ihrer winzigen Enklave dem mächtigen Julius Cäsar und seinen Römern die Stirn boten. Während ich Ortegas Rede im Radio zuhörte, erfand ich in Gedanken einen neuen Gallier: Sandinix.

In der Morgenausgabe der Zeitung wurde von einem Überfall der Contras berichtet. In der Provinz Jinotega waren in einem Ort namens Zompopera fünf Männer getötet worden. Drei von ihnen waren Nicaraguaner gewesen, William Blandón und Mario Acevedo, die zur FSLN gehört hatten, und ein Franzose mit nicaraguanischem Paß, Joël Flueux. Die beiden anderen waren ein Schweizer, Claude Leyvraz, und Bernd Erich Koverstein aus der Bundesrepublik. (Aufgrund dieser Todesfälle erließ die nicaraguanische Regierung in der Folge für alle ausländischen freiwilligen Helfer ein Verbot, die Kampfgebiete

zu betreten – eine der betrüblichsten Neuigkeiten, die ich nach meiner Rückkehr erfuhr. Später verkündete die Contra – vermutlich mit stillschweigender Duldung der USA –, daß sie künftig alle ausländischen Helfer, die sie in der Kampfzone antreffen würde, als feindliche Agenten behandeln werde.)
Daniel Ortega beendete die Rede, mit der er vor den Vereinten Nationen Gerechtigkeit verlangte, während, ohne daß er es wußte, der Totentanz in Nicaragua wieder einen seiner langsamen und gemessenen Schritte vollzog.

Silvia: Ein Epilog

Auf dem Rückflug saß ich neben einer Nicaraguanerin mit sanften Zügen, dicken Brillengläsern und einem furchtbaren Schnupfen. Sie war mit einem Franzosen verheiratet und lebte seither in Paris. Wir unterhielten uns auf französisch, und ich merkte sehr schnell, daß ihre Nerven ziemlich mitgenommen waren.
Ich fragte sie, ob sie oft nach Nicaragua zurückkehre. (Sie war nicht lange vor dem Erdbeben im Jahr 1972 ausgewandert, und von »ihrem« Managua war nicht mehr viel zu sehen. Nur das Foto vom alten Managua, das im Café Los Antojitos hing, versetzte sie wirklich in die alte Heimat zurück.)
»Ja«, antwortete sie, »meine Mutter lebt in Nicaragua; ich wollte sie auch diesmal besuchen, aber zwei Tage vor meiner Ankunft ist sie – ist sie gestorben.« Sie begann zu weinen, riß sich aber sofort wieder zusammen, als wären ihr ihre Tränen lästig. »Sie haben mit der Beerdigung gewartet, bis ich da war.« Ich sagte die üblichen Nichtigkeiten – wie tragisch, wie kam es dazu, das ist sicher schrecklich für Sie.
Sie äußerte die Befürchtung, daß die ärztliche Behandlung ihrer Mutter nicht sorgfältig genug gewesen sei. Die Todesursache war eine Thrombose gewesen, ein dicker Blutklumpen, der eine Hauptschlagader verstopft hatte, aber beim Röntgen nicht aufgefallen war. »Die Ärzte haben gesagt, das Röntgenbild sei zu undeutlich gewesen. Irgend-

welche Geräte, irgendwelche Flüssigkeiten fehlten wegen der Handelsblockade durch die USA.«
Silvia machte der Regierung Vorwürfe. »Ich komme aus einer Sandinistenfamilie. Meine beiden Brüder sind in der Befreiungsfront, und das waren sie auch schon vor dem Triumph. Aber wenn ich jetzt nach Hause zurückkehre, sehe ich, wie sich die alten Gewohnheiten aus Somozas Zeiten wieder einschleichen.«
Zum Beispiel? »Zum Beispiel gab es eine Kunsthandwerkausstellung in den Ruinen des Grand-Hotels. Am ersten Ausstellungstag war die Öffentlichkeit nicht zugelassen, sondern nur Leute mit Einladung. Am zweiten Tag stellte sich dann heraus, daß die besten Stücke bereits alle reserviert waren. So hat sich früher Hope Somoza verhalten.«
»Aha«, sagte ich verblüfft; daß sie so plötzlich das Thema wechseln würde, hatte ich nicht erwartet.
»Und für naive Malerei zahlt man inzwischen astronomische Preise«, fügte sie hinzu. »Und die öffentlichen Verkehrsmittel in Managua sind ein Trauerspiel.«
Ich fragte sie, ob ihr Ehemann je in Nicaragua gewesen sei. »Ja«, sagte sie, »aber zwei Flugtickets sind teuer, und außerdem wäre es zu umständlich, die ganze Familie mitzunehmen; in Nicaragua findet man einfach keine *domestiques*, und es gibt keine vollautomatischen Waschmaschinen, man muß alles von Hand waschen und hinterher bügeln, und dann die Kocherei und der ganze übrige Haushalt ...«
Trotz des Tenors dieser Klagen war sie eine gutherzige Frau. Sie hatte Architektur studiert und ihr Studium in Europa abgeschlossen. »Jeder sagte mir damals, daß ich

nicht zurückkommen würde. Jahrelang war es mein Traum gewesen, die ganzen herrlichen, großartigen Gebäude zu sehen. Aber ich hätte nie geglaubt, daß ich fortbleiben würde. Und dann ging es auf einmal ganz schnell, plötzlich war ich verheiratet, und schon war es passiert.«

War sie in Nicaragua wahlberechtigt? Nein, sagte sie, da sie im Ausland lebe, aber ihre ganze Familie habe für die Befreiungsfront gestimmt. »Und heute?« fragte ich. »Würden sie die FSLN heute wieder wählen, oder haben sie ihre Meinung geändert?«

»Nein, das haben sie nicht«, sagte Silvia, »aber vieles liegt im argen, das weiß jeder.«

Sie verurteilte das Verbot von *La Prensa* und hielt *Barricada* genau wie ich für die fadeste Zeitung, die sie je kennengelernt hatte. Sie hatte den Eindruck, daß die Führer der FSLN nicht begriffen, warum die Pressefreiheit so wichtig war. »Das sind lauter junge Leute, die von der Schule direkt in die Guerilla, ins Gefängnis oder ins Exil gegangen sind. Sind solche Leute wirklich darauf vorbereitet, einen Staat zu leiten?« Und dann wieder in einem ihrer verwirrenden abrupten Gedankensprünge: »Die Taxifahrer in Managua heutzutage! Ihre Preise sind einfach unverschämt. Laut Gesetz gibt es feste Preise, aber kein Taxifahrer hält sich daran, und man ist ihnen hilflos ausgeliefert. Das ist nicht in Ordnung.«

Als sie später eingenickt war, gingen mir Bruchstücke meiner Erlebnisse in Nicaragua im Kopf herum, wie das beim müßigen Nachsinnen auf Flugreisen oft der Fall ist. Wie abgeschnitten von Informationen das Land war. »England?« hatte ein *campesino* in fragendem Ton zu mir gesagt und dann nach angestrengtem Nachdenken seine Kenntnisse über dieses Land zutage gefördert: »*Sí, sí: Reina Isabel, no?*« Und Indien war für die meisten Nicaraguaner, wenn man einmal von den Verehrern Rabindranaths absah, ein exotisches, kameliges, elefantöses Land, und sie waren höchst erstaunt, wenn ich Parallelen zwischen diesem Zauberland der Phantasie und ihrem eigenen Land zog. Aber die Parallelen existierten. Die drei Richtungen innerhalb der FSLN spiegelten beispielsweise die Zerwürfnisse und Auseinandersetzungen innerhalb der Linken in Indien und in vielen anderen armen Ländern der südlichen Hemisphäre wider. Es gab auch Unterschiede. Indien war ärmer als Nicaragua, aber nicht annähernd so arm an Informationen wie dieses. Nur spärliche Auslandsnachrichten gelangten während meines Aufenthalts in Nicaragua in die Spalten von *Barricada* und *Nuevo Diario*. »Torrijos von der CIA ermordet.« »USA und Großbritannien bespitzeln den ANC für Südafrika.« »Prinzenhochzeit lenkt ab vom Streit zwischen Reina Isabel und Mrs. Thatcher.« Das war ungefähr alles gewesen.

Um die Wahrheit zu gestehen, schienen sich die Nicaraguaner herzlich wenig um den Rest der Welt zu scheren. Ihre eigenen Angelegenheiten nahmen ihre Aufmerksamkeit so stark in Anspruch, daß ihnen so gut wie keine Neugier geblieben war. Nur wenige Leute stellten mir irgendwelche Fragen, obwohl alle bereitwillig meine Fragen beantworteten. Die Geschichte dröhnte in ihren Ohren und machte sie für alles taub, was aus weiterer Ferne zu ihnen drang.

In Veronica Wedgwoods Worten ist die Geschichte etwas, was »in die Zukunft hinein gelebt, aber in der Retrospektive geschrieben« wird. In unserer Welt zu leben hieß handeln, ohne den Ausgang der Ereignisse zu kennen. Und ein reales Leben zu leben, so überlegte ich, unterschied sich auch darin davon, ein fiktives Leben zu erfinden, daß man im wahren Leben für die Folgen der eigenen Fehler einstehen mußte. Revisionen, Neufassungen waren nicht möglich. Wenn man Nicaragua besuchte, bekam man vor Augen gehalten, daß die Welt kein Fernsehspiel, keine Geschichte, kein Roman war. Die Welt war real, und so sah ihre augenblickliche, unmittelbare Realität aus.
Ich hatte ein, wenn man so will, unfertiges Nicaragua verlassen, ein Land, in dem die uralten feindlichen Kräfte des Erschaffens und der Zerstörung in heftigem Widerstreit miteinander lagen. Der modische Pessimismus unserer Tage geht davon aus, daß die Zerstörer letzten Endes immer über die Erschaffer triumphieren, und in der Tat besteht kein Zweifel daran, daß jene, die die nicaraguanische Revolution zunichte machen wollen, Männer mit unheimlichen Machtbefugnissen sind. Die neuen Waffen der Konterrevolution, die die US-Dollar bezahlt hatten, waren zum Einsatz unterwegs; bald würde die Schlacht beginnen. Die Logik der Realpolitik ließ nur ein Resultat zu: Nun, da die USA sich für eine eindeutig militärische Lösung des Nicaragua-Problems entschieden hatten, mußte ihre Übermacht zu guter Letzt den Sieg davontragen. Aber diese Art von Logik hatte in der Vergangenheit nicht immer recht behalten. Geschichten, die unglücklich endeten, mochten realistischer wirken als solche mit glückli-

chem Ausgang, aber die Realität hatte oft einen phantastischen Einschlag, der dem Realismus (ohne Tagoré nahetreten zu wollen) abging. In der realen Welt gab es Monster und Riesen; aber es gab auch die unermeßliche Kraft des menschlichen Willens. Es war durchaus vorstellbar, daß Nicaraguas Überlebenswillen den Sieg über die amerikanischen Waffen davontragen konnte. Wir würden uns überraschen lassen müssen.

»Man macht sich Sorgen um die Zukunft«, sagte Silvia später zu mir. »Wenn die Contra an die Macht kommt, gehen die Sandinisten wieder in den Untergrund und werden wieder Guerillas, und dann findet das Ganze nie ein Ende, nicht wahr?« Ich erwiderte darauf, daß Reagans Nachfolger – falls es der Revolution gelinge, ihn zu überleben – vielleicht eine andere Politik betreiben würde und daß eine Contra ohne Unterstützung der USA kein ernstzunehmender Gegner mehr wäre. Sie wirkte skeptisch, war aber zu höflich, um mir zu widersprechen. »Was Sie sagen, kann möglich sein«, antwortete sie ohne Überzeugung.
Ich stellte ihr meine Standardfrage. »Was sollte die Regierung Ihrer Ansicht nach tun? Sollte sie versuchen, sich mit den Amerikanern gütlich zu einigen?«
»Sie sagen ›Amerikaner‹«, sagte sie vorwurfsvoll.
»Es tut mir leid. Mit den Nordamerikanern. Vereinigten Staaten. Reaganisten. Denen.«
»Ist schon gut«, sagte sie nachsichtig. »Als ich aus Nicaragua nach Europa kam, war ich schockiert, daß alle die USA ›Amerika‹ nannten. Ich wollte immer protestieren: Aber *wir* sind auch Amerika, nicht bloß sie. Und inzwischen sage

ich es selbst: Amerika, die Amerikaner. In Europa bekommt man eben eine andere Sicht der Dinge.«
»Ja«, stimmte ich ihr zu, »ganz bestimmt.«
Sie kam auf meine Frage zurück: »Nein, sie können nicht nachgeben. Der Krieg muß weitergehen. Es ist so schwer zu entscheiden, was man tun soll. Die Revolution lebt. Sie muß leben, sonst gibt es keine Hoffnung. Aber die vielen Probleme! Die vielen Schwierigkeiten! Das viele Leid!«
Sie hatte wieder zu weinen angefangen und versuchte ihre Tränen zu unterdrücken. Ich tat so, als würde ich es für ihren Schnupfen halten.
Die eindrucksvollen Worte dieser sanften Dame der Mittelklasse mit ihren ausgiebigen Klagen, deren Mutter noch leben könnte, wenn in Nicaragua nicht solcher Mangel herrschte, hatten mich überrascht und gerührt. *»Sie muß leben, sonst gibt es keine Hoffnung.«*

Wir trennten uns in Madrid und kehrten in unsere verschiedenen Leben zurück – zwei Wanderer, die ihrer Wege zogen in diesem Westen voller Gold, Macht und Besitz, in diesem Norden, der uns gelehrt hatte, die Sichtweise seines privilegierten Standpunkts einzunehmen. Aber vielleicht waren wir die eigentlich Privilegierten: Wir wußten, daß es auch andere Perspektiven gab. Wir hatten die Dinge vom anderen Standpunkt aus gesehen.

Danksagung

All jenen, die mich in London und in Nicaragua großzügig mit Rat und Tat unterstützten, möchte ich an dieser Stelle nochmals meinen Dank aussprechen – insbesondere dem nicaraguanischen Botschafter in Großbritannien, Seiner Exzellenz Francisco d'Escoto, Biddy Richards, meiner Dolmetscherin Margarita Clark und natürlich Rosario Murillo und der ASTC.
Um mich für die Gastfreundschaft zu bedanken, die das nicaraguanische Volk mir erwiesen hat, fehlen mir die angemessenen Worte.
An einigen Stellen habe ich aus der Veröffentlichung *Risking a Somersault in the Air: Conversations with Nicaraguan Writers* von Margaret Randall, Solidarity Publications, zitiert.

Quellennachweis

Das Gedicht von Pablo Neruda auf S. XX wurde zitiert nach: Pablo Neruda: *Dichtungen 1919–1965* (Hrsg. und übertragen von Erich Arendt), Hermann Luchterhand Verlag, Darmstadt und Neuwied, 1977².

»Grabschrift für Adolfo Baéz Bone« wurde zitiert nach: Ernesto Cardenal: *Gebet für Marilyn Monroe und andere Gedichte*, Hammer Verlag, Wuppertal, 1972, S. 81.

Das Aristophanes-Zitat auf S. XXX wurde zitiert nach: Aristophanes: *Komödien* (Hrsg. von H. J. Newiger), Winkler Verlag, München, 1976², S. 311.

PIPER

Abraham B. Jehoschua
Die Rückkehr aus Indien

Roman. Aus dem Hebräischen von Ruth Achlama.
648 Seiten. Leinen

Benjamin Rubin, ein junger Arzt aus Tel Aviv, bekommt den Auftrag, mit seinem Klinikchef und dessen Frau nach Indien zu fahren, um dort deren schwer an Hepatitis erkrankte Tochter abzuholen. Vom ersten Blick an übt die junge Einat eine unwiderstehliche Anziehung auf ihn aus – bis er merkt, daß er in Wahrheit ihrer Mutter verfallen ist. Ein großer psychologischer Roman über erotische Leidenschaft und Ehe, über Liebe und Seelenverwandtschaft, Tod und Vergänglichkeit – und über das Ineinandergreifen westlicher und östlicher Philosophien.

»Was für ein Glücksgefühl bereitet doch das Lesen! Ganz leise und ohne daß ich recht sagen könnte warum, hat mich diese lange, ausführliche Geschichte erwischt. Das ist ein Buch, das einem wieder zeigt, wie gut es sein kann, zu lesen. Sich mitnehmen zu lassen auf eine seltsame Reise.«
Joachim Schlör, Neue Zürcher Zeitung